新农民书架系列

农民
理财宝典

陈文胜 主编 邝奕轩 编著

北京师范大学出版集团
BEIJING NORMAL UNIVERSITY PUBLISHING GROUP
安徽大学出版社

图书在版编目(CIP)数据

农民理财宝典/陈文胜主编;邝奕轩编著. —合肥:安徽大学出版社,2016.4
(新农民书架系列)
ISBN 978-7-5664-1111-2

Ⅰ.①农… Ⅱ.①陈… ②邝… Ⅲ.①私人投资—基本知识 Ⅳ.①F830.59

中国版本图书馆 CIP 数据核字(2016)第 096014 号

农民理财宝典

陈文胜 **主编**
邝奕轩 **编著**

出版发行：	北京师范大学出版集团 安徽大学出版社 (安徽省合肥市肥西路3号 邮编230039) www.bnupg.com.cn www.ahupress.com.cn
印　　刷：	合肥华星印务有限责任公司
经　　销：	全国新华书店
开　　本：	170mm×230mm
印　　张：	8.75
字　　数：	157千字
版　　次：	2016年4月第1版
印　　次：	2016年4月第1次印刷
定　　价：	29.50元

ISBN 978-7-5664-1111-2

策划编辑:李　梅　武溪溪		装帧设计:李　军	
责任编辑:武溪溪		美术编辑:李　军	
责任印制:李　军			

版权所有　侵权必究
反盗版、侵权举报电话:0551—65106311
外埠邮购电话:0551—65107716
本书如有印装质量问题,请与印制管理部联系调换。
印制管理部电话:0551—65106311

序

中国是历史悠久的农业大国,农民是中国农耕文明的缔造者,是中国历史前进的重要推动力量。不懂中国农民,就读不懂中国历史,就不能深刻理解中国的国情。当前,按户籍统计,全国还有超过一半人口是农民,农民仍将是中国现代文明的重要推动者和主体力量。因此,中国城镇化是农民的城镇化;中国全面小康的关键是农民的全面小康;中国现代化的核心是农民现代化;实现中国梦,首先要实现中国农民的富裕梦。

随着我国经济进入新常态,经济社会发展呈现出新的特征,培育适应新时代要求,具有新观念、新素质、新能力的新型农民成为一项十分重要和迫切的任务。一是新常态下,我国经济从重视总量增长进入了全面提升质量的阶段,以往粗放发展的时代也将随之过去,重视创新驱动的供给侧结构性经济改革,预示着中国经济正在进行全新的调整,新常态改革正在呼唤经济主体的素质提升,新农民的培育成为客观必然。二是中国第一代进城农民工在城市就业方面正在遭遇产业结构调整的阵痛与考验,新生代农民工融入城市或回归农村均存在不同程度的不适应性,而不管是进城还是回归农村,都要经受自身素质和能力的严峻考验,只有用现代科学文化知识武装农民,提升农民的素质与能力,才能确保每一位农民在全面小康建设中不掉队。三是农业的多功能时代已经开启,农村一二三产业融合互动的趋势越来越明显,传统农业向现代农业转型的道路越走越宽广,为促使农民从传统产业中走出来,成为推动新产业、新业态发展的现代市场经营主体,在发展农村先进生产力的同时实现增收致富,需要不断提升农民的素质与能力。因此,在科技日新月异、信息化成为大潮流的时代,在经济社会转型发展、城乡一体化快速推进的新形势下,解决农民问题,就是要加快培育适应现代化发展的新农民。

由湖南省农村发展研究院研究团队编写的《新农民书架系列》丛书,是一套由三农专家学者面向农民朋友编写的通俗读本。本丛书从现代新农民的基本素质和基本能力要求入手,介绍了做一名新农民所需的基本知识,力求提高农民在新时代的生存与发展能力。本丛书与当前其他农民读物相比,具有三个鲜明的特点:一是深入浅出,读得懂。通过讲故事,说道理,用农民的语言、举农村的事例来介绍知识、培养能力,使农民看得懂。二是内容丰富,用得上。本丛书选择了农民在新时代必须掌握的一些知识进行阐述,涉及农民的交往、学习、就业、创业、管理、理财、维权等诸多方面的内容,内容全面,对农民具有很强的实用性。三是简洁具体,可操作。本丛书在讲故事说道理中,选取关键的知识,通过传授使用实用妙招,指出知识运用的技巧,使农民朋友可以操作,是一套比较接地气的农民丛书。

在工业化和城镇化进程中,农民是市场竞争中的弱者。统筹城乡发展,推进城乡发展一体化,根本在于提高农民的素质和能力。只有农民强大,中国才会整体强大。

陈文胜
2016年4月

目 录

第一章 巧理财,钱生钱 1
一、传统理财误区多 1
二、现代理财套路新 7
三、你理财,财理你 14

第二章 钱生钱,有诀窍 25
一、存钱有学问 25
二、学会钱生钱 32

第三章 借鸡生蛋,借钱赚钱 48
一、借鸡生蛋是本事 48
二、哪里才能借到下蛋鸡 52
三、如何让借来的鸡下好蛋 63

第四章 避免血本无归的理财三禁忌 68
一、不要等待天上掉馅饼 68
二、切忌沉溺于赌博深陷泥潭 75
三、谨防面子借钱有去无回 82

第五章 理性消费,也是理财 89
一、有了规划不会穷 89
二、寅吃卯粮苦未来 95

三、借钱不是免费餐 …………………………………… 98
　　四、火眼金睛看促销 …………………………………… 101
　　五、盲目攀比后患大 …………………………………… 105
第六章　巧花钱，活理财 …………………………………… 108
　　一、只买对的不买贵的 ………………………………… 108
　　二、买现在更要买未来 ………………………………… 121
　　三、敢花钱更要会花钱 ………………………………… 128

第一章
巧理财,钱生钱

俗话说,不会挣钱穷一时,不懂理财穷一世。会理财是一生受用的财富。一个家庭,无论是大还是小,钱是多还是少,都要有人管理,需要有一个会当家理财的人,否则,钱赚得再多,也会像竹篮打水——一场空。所以,让钱生钱,才能让我们的钱越来越多。当前,随着农村经济社会的发展,农民家庭的钱财越来越多,怎样管理好自己家庭的钱财,让自己家庭的钱财够用,让多余的钱财再生出钱财,就显得越来越重要了。

一、传统理财误区多

改革开放以来,农民的收入大幅增加,农民手中的"闲钱"多了起来,农民渴望手里的"闲钱"活起来,能够不断增值。但是,受农村习俗和传统观念影响,农民朋友在理财方面存在诸多误区。有的农民朋友理财观念落后,跟不上投资潮流的变化,主要理财方式是储蓄,钱放在银行,短期是安全的,但是经济形势一发生变化,存在银行的钱就可能会贬值。比如2009年时市场上的白菜只要五角钱一斤,100元钱可以买200斤白菜,如果你把100元钱存进银行,到2015年银行给你20元利息,你的钱变成了120元,而2015年白菜要1元钱一斤了,你的钱只能买到120斤白菜,这说明钱不值钱了。有的农民朋友缺乏金融知识,不能正确理解各种金融产品,容易被"忽悠"。还有的农民朋友比较多地参与民间金融活动,希望从高利贷中获利。显然,随着农村财富的不断积累,农民的理财意识开始"觉醒",但农民朋友们的理财还存在许多误区。

(一)鸡蛋不孵鸡永远没鸡吃

理财也应像保管鸡蛋一样,如果鸡蛋不用来孵鸡,而是永远把鸡蛋放在一个篮子里,就永远是鸡蛋,不能变成小鸡,你就永远没有鸡吃。理财也是一样,必须对钱进行打理,使其生出钱来,否则,永远还是那些钱。

■ 故事再现

保守理财亏大了

申纹白是湖南省洞庭湖区的一位渔民,受益于改革开放,1986年在村里包了一口水塘养鱼。由于他做事勤快,经营有方,在1991年时就成了养殖万元户,是当地渔民中富有的人家了。由于辍学早,文化知识不够,申纹白思想有些保守,害怕风险,他将日常生活开支之外的所有余钱全部存进当地农村信用社。

1995年,当地湖区退田还湖,他包租的水塘被收归村上,他只能放弃水产养殖,此时,申纹白的银行存款数额达到6万多元。这时,所在乡镇开始兴建房屋,有不少门面出售,有邻居见他还在找事做,就劝他花几万元买门面,这样可以出租,收取铺面租金,或者自己开个杂货店或饮食店养活自己。但是,申纹白认为,这个钱放在银行里可以生息,买门面要花费钱,所以没买。

2000年,申纹白所在乡镇附近修建县道,交通条件大为改善,成为周边区域重要的商贸物流要地,镇上房价上涨很快,镇上门面价格涨到了24万元一间,而申纹白依然以打鱼为生,存在银行里的钱还不到7万元。申纹白经常对家人说,当时应该去买门面,现在再转卖也能挣个二十几万,结果这些钱存在银行里就是给孩子做聘礼都不够,现在是悔不当初啊。

■ 故事分析

存钱并不等于理财

随着我国经济的快速发展,宏观经济环境不断变化,将钱存在银行里,将面临着银行负利率和物价上涨等多重挑战。当前,我国物价上涨趋势明显,物价上涨将出现负利率,事实上,2015年10月24日,中国人民银行宣布下调金融机构人民币存贷款基准利率,一年期贷款基准利率下调0.25个百分点至4.35%,一年期存款基准利率下调0.25个百分点至1.5%。自2014年11月22日以来,央行已经进行了六次降息,一年期存款基准利率从3%下降至1.5%。存款利率在11个月内缩水一半。这就意味着,我国进入"负利率"时代,也就是说,1万元在银行存一年,在2014年一张1万元的存单的利息算下来还有300元,而到了2015年,这张1万元的存单的利息就只有175元了。申纹白存钱的例子告诉我们农民朋友,将所有的余钱存在银行的做法太保守了。我们必须改变这种传统而单一的理财方式,学会适应现代社会的理财方式——多样化理财,把鸡蛋分散放在不同的篮子里,采取多种方式使钱变得更值钱、更安全。

实用妙招

如何避免将鸡蛋放在篮子里

1. 更新观念。选择银行储蓄是最保险、最安全的投资方式,但是其收益较低,而且理财依靠单一的途径,往往会失去其他很多投资机会,所以,农民朋友要转变理财观念,只将一部分固定的钱做银行存款,其余放在风险较大的投资市场,不至于损失太大,保本保利。与此同时,实现投资理财产品的多元化,选择炒股、购买基金、购买网上理财产品等多种投资途径。

2. 开阔眼界。农民朋友要有新思维,拓宽信息来源渠道,留心报纸、广播、电视上的投资理财信息,多与不同人交流,多向已经致富的农民朋友请教,开阔自己的视野。

3. 学习知识。工欲善其事,必先利其器。这就是说,要做一件事,准备工作非常重要。农民朋友要想为理财做准备,应掌握一些基础知识。首先对基本的财务知识要有所了解,如学会如何管理金钱。其次,要掌握相关的投资知识,相对于城里人来说,农民的投资范围无疑显得更加宽广,除了现代社会为人们提供的多种投资渠道,如储蓄、保险、股票、债券、贵金属、房地产等外,农民朋友还有其优势所在,如投资种植业、养殖业和旅游业等。掌握足够的知识,相信你就是下一个农民中的富翁。巴菲特被人称为华尔街股神,一位记者采访他时问:"在您至今所进行的投资中,哪一次的收益最高?"沃伦·巴菲特想了想,从办公桌抽屉里拿出一个发黄的笔记本,笑呵呵地说:"就是这个了。"记者不信,说:"您在开玩笑吧?"这时,他严肃起来:"不,先生,这是真的。这个笔记本是我小时候以0.5美元买的,现在已成为我最珍贵的财富了。"记者带着疑问打开看看里面到底有什么宝贝,才发现上面记录了他的突然闪现的投资想法以及一些生活和投资经历,后面附有一些评论性的感受。沃伦·巴菲特这个小笔记本告诉我们农民朋友,投资理财也要靠科学知识。

(二)理财不计成本永远没有收益

投资理财既要考虑收益,也要考虑投资成本,天下没有免费的午餐,任何美好事物的获得都是极为艰难的,都要为之付出相应的代价,这个代价就是成本。许多农民朋友满脑子想的是如何挣钱,如何赚取收益,却很少考虑各种投资成本。例如,总是问别人挣了多少钱,而很少问别人为了挣这些钱花了多少成本。投资理财必须计算成本,只有比较了成本和收益后还有盈余才是真正的挣钱,这种投资理财方式才是可取的,否则就是不合算的。下面我们看一个养猪的小故事。

■故事再现

喂猪越多亏损越大的怪事

今年43岁的钱温旺,本世纪初在机砖厂打工时,因机械发生故障致使他一条腿高位截肢。在他处于人生岔路口时,党和政府伸出了援助之手,帮他安装了假肢,使他鼓起了生活的勇气。党和政府鼓励钱温旺从事养殖工作,并在技术和场地方面为其提供支持,钱温旺对养猪产生了兴趣。2006年,钱温旺利用自己家里4分大的老院基做猪场,购买了6头良种母猪,迈上了母猪养殖之路。为了节约成本,钱温旺既喂一些自家产的粮食,也喂一些饲料,并在自家菜地种了给猪吃的菜。他经常到外面割些草给猪吃,良种母猪长势喜人。2007年上半年,母猪产了90头小猪仔,正好赶上2007年猪肉价格上涨较快的好时期,卖了9900元,于是他准备2007年年底,再买一些良种母猪回来喂养。

春节时,在外面打工的儿子儿媳回家过年,闲聊中,钱温旺说起家里喂母猪赚了钱,还准备继续喂的事。儿子小钱听了后,笑着对父亲说:"账不是这么算的,我们家种的粮食、煮猪食时用的煤、电,扩充猪圈的投入,一些运输费用,以及你们老两口子花费时间喂养的劳动力,这些成本还没算进去。"小钱将钱温旺一年来喂猪的投入全部折合成钱,6头良种母猪还亏了1000元。如果钱温旺还按

第一章 巧理财，钱生钱

这种方式喂下去，只会一直亏下去。听了小钱这么一算，钱温旺顿时泄了气，不再提继续喂猪的事了。

■ **故事分析**

投资都要计算成本

从上面这个例子可以看出，我们在进行投资的时候，必须考虑投资的各种成本，尤其要注意看不见的隐性成本。

因此，在这个投资越来越复杂的社会里，我们农民朋友必须擦亮眼睛，仔细比较投资的成本和收益，如果不详细考虑投资的各种隐性成本（例如养猪时自己家的粮食、煤、电消耗），而只看到投资的收益，往往会给人造成假象，甚至给我们的进一步投资造成更多的损失。同时，我们不要只看到眼前某种东西价格上涨就做出投资决策，必须考虑到与这种东西相关的成本支出，很有可能这种东西的价格上涨之后，与该东西相联系的成本也跟着上涨，那么盲目地去投资这个项目很可能赚不到钱，甚至可能出现亏损。

■ **实用妙招**

如何看待成本

成本是你在赚钱时所花费的所有财力、物力和人力。通俗地说，财力成本主要是投入的钱财；物力成本主要是投资所需要投入的物质资本，例如自己的房子，如果不投资，可以租出去赚取房租；人力成本是每天做其他事可以赚到的收入。如果收益大于财、物、人等总成本支出，就可以投资。一般来说，只要你去投资就会有成本产生，所以我们在选择投资时，必须仔细考虑投资所需要的各种成本，尤其要注意那些隐性的成本支出。

（三）不考虑资金的机会成本没收益

机会成本是指为了得到某种东西所要放弃另一些东西的最大价值。简单地讲，就是你把一定资源投入某一用途后所放弃的在其他用途中所能获得的最佳利益。在生活中,有些机会成本可用货币来衡量。例如,农民在获得更多土地时,如果选择养猪就不能选择养鸡,养猪的机会成本就是放弃养鸡的收益。机会成本在进行投资时必须考虑,假如我们投资在养黄牛方面不如养鸭,那就没必要去养黄牛。不少农民朋友在理财时经常忽视了机会成本,结果导致了非理性投资。

■ **故事再现**

忽视机会成本失去发财机会

与一般的农村家庭一样,丈夫在外打工,郑晓玲在家照看孩子和种地。不同的是,她发现,壁虎是我国一味常用的名贵中药材。经过6年的不懈努力,郑晓玲探索出了一套壁虎人工养殖新技术,壁虎养殖效益好,三年来累计获得30万元的收益。但近年来,由于同村养殖壁虎的养殖户迅速增多,加上郑晓玲年龄大了,家里上有年迈的父母、下有两个儿子在读小学,老公常年在外打工,于是,郑晓玲放弃了壁虎养殖。一些亲戚朋友看她最早从事壁虎养殖,应该存了不少钱,想向她借钱,她担心借给这个、没借给那个得罪人,于是想投资理财。当时,正好是国库券销售的时期,国库券比银行存款的利息高,郑晓玲想都没想就将余钱全部买了国库券。但是不久之后,机会却接二连三来了,一是县城里有个大型超市准备建设,进行招股,股息很高;二是大型旅游集团准备在当地建设风景名胜区,鼓励民间投资,每年分红很优厚。这些对于郑晓玲来说,都是好机会,个个可以参股,可以当股东,凭借股息过好日子。但是,她的钱全部买了国库券,不能变现,所以郑晓玲失去了非常好的发展机会,后悔不已。

■ **故事分析**

机会成本是发财的机会

在上面的例子中,郑晓玲买国库券的时候只看到了国库券的稳定、利息高,却没有考虑会失去投资其他项目的机会成本。结果当赚钱的机会到来时,钱已经不能流动,变成"死钱"了,只能眼睁睁看着别人发财。因此,农民朋友在投资理财时，必须考虑好投资的机会成本，仔细考虑好自己可以投资的项目的成本以及可能带来的收益，比较不同投资项目的可能成本与收益，优中选优。只有这样，才能使我们的投资处在正确的轨道上，才能给我们带来更多的钱。

实用妙招

如何看待机会成本

1. 时刻记住机会成本在身边。机会成本是把钱投资到一个项目上而丧失了投资其他项目的机会，是因为投资于某一个项目而失去投资在其他项目赚钱的机会。比如，你在镇上建楼房，一楼是门面，你可以出租门面，获得门面租金收入，也可以自己开店，但这会失去租给别人的租金。如果自己开店赚的钱减去经营成本比租门面的租金高，那就是挣钱的，开店是合适的。对于每一位想投资的农民朋友来说，机会成本无处不在，关键是善于比较，选择机会成本相对较低的项目进行投资，以期获得较好的投资回报。

2. 机会成本仅仅是一个机会。机会成本并不是真实的成本，它只是在这一个投资中放弃另一个可能受益的机会。如果我们投资一个项目的净收益（净收益＝收益－成本）大于另一些项目的净收益时，就值得投资。但我们也不能一味地根据机会成本来决定自己的投资，而应结合自身的情况来选择投资。例如，有时一些投资项目需要较长时间，而你的钱在不久就有其他用途，那你就只能选择一些期限较短的投资，获得的收益就很可能比投资长期的少。因此，在选择投资项目时，除了要考虑机会成本外，还要从自身情况出发，只有这样才能使我们获益最大。

二、现代理财套路新

近年来，随着我国各项惠农政策的不断出台和陆续实施，农民收入持续增长，对农村理财服务的需求也不断扩大。然而，农民对收入增加关注较多，却往往忽略收入的保值增值，对理财关注得不够。相关统计数据显示，大多数农民的理财方式仍以传统的储蓄为主，其中51.2%是银行储蓄，36.4%是现金积蓄，农村居民的储蓄存款金额也已高达2.2万亿元。在日益多元化的现代社会里，单一的存银行的金融观念已经落后了，不适应农村经济社会的快速发展。农民朋友必须掌握新的理财方式,实行多样化的、灵活的、分步骤的投资理财方式,使手中闲置的资金保值增值,这是当代农民朋友应该具备的金融观念。

(一)理财产品多元化

只有实现资产持有的多元化,才能实现收益的多元化,为我们分散风险,不要在一棵树上吊死。多元化投资就是根据自己的收支情况,把投资分散进行,分成几部分,不将资金集中放在一个地方理财。在多样化投资总体收益的趋势下,个别项目如果出现或多或少的亏损,也不至于影响到大局的收益,从而达到增加成功系数和降低投资风险的目的。当然,多元化投资理财对农民朋友提出了新的要求,要不断地学习新的理财知识,掌握新的理财技能,否则你也许很难驾驭。

■ 故事再现

多样化理财,讨了儿媳妇又赚钱

四川有个叫陈大利的农民,高中毕业后就随老乡去广东从事制衣行业,十几年下来,攒了30万元钱。2008年,受金融危机影响,厂子倒闭,只好回乡创业。当时,陈大利已经45岁了,父母很是担心,希望儿子将辛苦多年得来的积蓄存在银行,用来盖房用。但经过多年打拼的陈大利没有听父母的,知道钱存在银行不划算,现在农村发展机会这么多,干点什么都可能比存在银行强。

在经过几个月的考察和思考后,他将自己的资金分散成4个项目进行资产配置,在自己的村组包了1000亩旱地,建设多个蔬菜大棚,进行设施蔬菜种植;承包了4亩水塘,种植莲藕,采用"水下种藕、水中养虾"的生态种养模式,并为莲藕和龙虾注册绿色商标;投资入股一家木器加工厂,吸纳一些残疾人来务工;利用宅基地后面的大山,养殖土鸡,并在自己家的院子里开起了农家乐餐厅。

在经过这些投资后,2010年春节他算了一下账,除了一个蔬菜大棚遭受冰雹损失了几千元外,其他项目均挣了钱,特别是农家乐,给他带来了5万元的纯利润。也正是由于陈大利脑瓜灵活,实现多元化投资,家里的日子过得越来越红火,两个儿子成为镇上很多姑娘追求的对象。2011年上半年,两个儿子都找到了满意的对象,并结婚生了娃。真是理财多样化,收入顶呱呱。

第一章 巧理财，钱生钱

■ **故事分析**

新型农民要学会新式理财

在多年的外出之后再回到家乡发展，需有一定的承担风险的能力和技巧。陈大利选择了多样化投资策略来分散风险，获取了比较稳定的收益，这一做法是与传统的存钱理财方式不同的，是现代农民理财的新模式。一些有条件的农民朋友在进行投资的时候，有必要像陈大利这样考虑多样化投资，而不是一味地依赖于投资某一个项目。转变自己的理财观念，更新自己的投资知识，以更宽广的视野来看待投资理财，实行多样化投资，不失为农民朋友发家致富的一条有效途径。

■ **实用妙招**

多样化投资策略

1. 懂得多样化投资理财渠道。对于农民朋友来说，为确保安全，余钱肯定要存一部分在银行，这样，可备不时之需。但是，存钱也要注意技巧。如果你平时需要用的钱多一点，或随时准备进行一些其他短期投资，你就多存一些活期存款，否则就多存一些定期存款，而且定期存款的期限以短期为好。同时，可以购买债券、国库券及其他诸如古董、黄金、股票、房产、邮票等增值的东西，也可以投资一些有发展前景的实体项目，如入股农业合作社，开办有特色的农家乐，经营店铺等，这样既可以防止通货膨胀的风险，又可以增加自己的收益。

2. 选择适合你的投资理财方式。多样化的投资理财策略要结合自己的经验、知识技能、资金实力等情况，选择性地进行投资理财。一般来说，我们可以把多样化投资方式分成三类：一是把大部分钱投资于低风险资产，剩余的存在银行；二是把大部分钱投资于风险较高的资产，剩余的存在银行；三是投资一部分高风险资产，再投资一部分风险较低的资产，同时保留一小部分银行存款。农民朋友可以根据自己的具体情况相应选择投资方式。

3. 控制风险是关键。多样化投资理财，其重要目的之一就是分散风险，降低风险。谁都想发财，但要获得理财成功绝不是件容易的事。投资有风险，控制是关键,只有控制住了风险,才能谈得上获利。防范风险,永远是投资理财的第一课。巴菲特说:投资的第一条原则是不要亏损,第二条原则是牢牢记住第一条!所以,在多样化投资中,我们同样要控制风险。比如随着近年来股票、基金等证券投资的兴起,投资网点也正在向农村深入,许多农民也在蠢蠢欲动,通过金融产品理财,投资股市、申购基金的确是一种理财好手段。然而,由于农民承受风险的能力相对较差,而且信息相对闭塞,因此,炒股、炒基金时应该牢记"股市有风险,投资须谨慎"这句老话,不可盲目跟风,更不可"押"上全部家当。

4. 投资安全要牢记。在农村,有不少不法分子利用农民想快速致富的心理,大肆发布各类虚假广告,虚构高回报率项目进行诈骗。为此,农民朋友在投资之前,一定要注意资金安全,要从不同渠道全方位了解所投资项目的细节,切不可一味追求快速致富而忘记风险。有不少农民朋友贪图别人承诺的高额回报,不但将自己所有的积蓄投入其中,还向别人借款投资入股,最后变成竹篮打水一场空。

(二)理财决策善用机会成本定律

机会成本定律告诉我们:每一次投资的决定都会付出代价,最佳的选择方案是用最少的机会成本博取最大的利润,并且在同样和相近的利润水平上,我们必须选取最小的风险成本和时间成本,这就是机会成本定律的精髓。机会成本定律还告诉我们:即使我们投资的项目赚钱了,如果在众多投资项目中是获利较少的,我们也不算真赚,因为没有把握好别的更赚钱的机会。当然,一项投资在决定时是很难看到最终结局的,这就需要我们在投资每项项目前认真谨慎,竭智尽力,时刻牢记机会成本定律,争取最大程度的获利。

故事再现

利用机会成本决策发大财

山西有位叫王戈壁的农民,所在县地处北岳恒山脚下,是晋北地区重要的煤炭、铁矿大县。王戈壁在20世纪80年代后期通过开采铁矿捞取了第一桶金,成了万元户。后来国家产能调整,关闭了小铁矿,王戈壁开始重新创业,考虑利用赚到的钱进行项目开发。

第一章 巧理财，钱生钱

20世纪90年代中期，随着城镇人口的激增，人们对蔬菜、肉类等食品的消费需求增加，王戈壁经过多次考察，承包了100亩地，建了10亩有机特色蔬菜大棚、70亩畜牧养殖基地及20亩养生果蔬产业基地，种植有机蔬菜、特色水果，并养殖了黄牛和山羊。头三年，种养效益非常好，但后来，不少村民看见他挣了钱后，纷纷开展了有机蔬果种植，发展畜牧业，竞争日趋激烈，影响到他的生意。他仍然坚持下来，并在城郊买了一块地，建设了一个"农家乐"，利用其特色种养产品，提供生态消费。由于有自己种养的绿色农产品，"农家乐"效益非常好。三年后，城市扩容，王戈壁所买的地正好属于拆迁范围，政府补偿他600万元，不到9年，他就成为百万富翁。

当别人问他当时为何要买那块地时，他说，经过多方比较，一方面是为了建设一个靠近城市消费核心区的"农家乐"，为他的生态农产品提供销售渠道，增加农产品附加值；另一方面，当时的地很便宜，如果承包一块地来办"农家乐"的话，他就享受不到地皮升值的收益，不如干脆买一块地，如果"农家乐"生意不好，地皮升值还可以赚钱。

■ 故事分析

机会成本决策的关键是抓住机会

王戈壁由万元户变成百万富翁是有其必然性的，是依靠智慧，而不是依靠运气，关键是他在决定投资买地皮经营"农家乐"时，进行了机会成本的比较。一个正确的决策，使他的财富增长了上百倍，这就是机会成本理财战略的重要作用。这个故事告诉我们农民朋友，在进行投资的时候，一定要有选择，要考虑使用自己的钱的机会成本，用长远的眼光来比较我们投资于不同项目所获得的收益大小。否则，我们就难以抓住发财的机会，就不能使自己的钱用于最赚钱的投资。

■ 实用妙招

如何利用机会成本进行投资决策

1. 根据自身条件找机会。机会成本对于不同的人有不同的意义，要根据自

农民理财宝典

身的条件抓住机会好好干,大胆干,避免"一失足成千古恨"。因此,我们在选择投资对象的时候,一定要多比较自己可能从事的项目,充分考虑投资的机会成本,再结合自身的条件,尽量选择适合自己的投资项目,不能人云亦云,盲目跟风。

2. 坚持收益优先的原则。投资理财就是希望获得丰厚的回报,考虑机会成本毕竟只是想抓住一种机会。因此,无论怎样去比较机会成本,都必须考虑自身的能力,尽量选择适合自己的项目,要紧紧抓住适合自己、回报率高的项目,要果断放弃一些不适合自己但机会成本更低的项目。最为关键的是,要从长远来看投资项目的未来,尽量准确地预测所投资项目未来的发展趋势。

3. 多听别人的意见。俗话说:一个篱笆三个桩,一个好汉三个帮。因此,我们在进行投资理财决策时,可以多问问周围人的意见,多向政府部门或相关单位进行咨询。有条件的还可以上网查询该项目所属的产业是朝阳产业,还是正在走下坡路的产业,应尽量投资有发展潜力的产业。唯有这样,才能使农民朋友少走弯路,降低失利的风险,使农民朋友在投资理财中驾轻就熟。

(三)理财要走心,省钱是挣钱

现代社会赚钱的机会越来越多。但是,钱相对于人的无穷欲望来说,也是省出来的。有句管理名言——省钱就是挣钱,意思是积少成多,无数条小河可以汇聚成大海。一方面,省钱也是一种理财方式,只要我们坚持省钱,慢慢地钱就会越积越多,汇成财富的海洋;另一方面,通常情况下会省钱的人就能将钱用在刀刃上,因为他知道什么地方该花,什么地方不该花,什么项目适合自己投资,什么项目不适合自己投资,慢慢地就使自己的理财经验越来越丰富。一旦你学会了理财,你就不仅可以自己去投资,还可以帮别人理财,以获取一定的报酬了。这样,你的钱就会越来越多。因此,一旦你成为理财高手,你本身就是财富。

■ 故事再现

打工仔打成百万富翁

1996年,22岁的重庆人沈明选择前往温州闯荡。一次偶然的机会,他看见正在热播的电视剧《北京人在纽约》,看到剧中繁华的纽约高楼林立,沈明受到启

第一章 巧理财，钱生钱

发：中国城市化进程发展非常快，每个城市都要建高楼，电梯不可或缺，因此，他选择进入一家电梯公司做起销售工作。初做电梯销售时，沈明十分勤奋地工作，舍不得打的士，便骑着自行车，转遍了温州的大街小巷，只要看到有建筑工地，他都要去问一问；遇到意向客户，要"围堵"个把月时间，直到合作谈成。工作一年多里，沈明的订单不断，他很快从销售员被提拔到分公司经理，年薪涨到10余万元。闲暇时，他不出去玩，而是去附近的新华书店看书。他不乱花一分钱，而是把大部分的钱都积攒了起来。2000年，沈明便创建起自己的电梯销售公司。尽管是自己创业，但他既当老板又当销售员，十分节俭，尽可能节约每一分钱，将每一分钱都用在最需要的地方。很快，他成立的公司成为了一家代理国际著名品牌机电产品的专业性企业。2012年底，沈明又借势成立浙江新渝投资管理有限公司，业务涵盖电梯销售、商业地产、医疗、餐饮会所和文化旅游等多个领域，他成长为身家上亿的公司老板。

故事分析

省钱还要会用钱

贫穷并不可怕。贫穷并不是没有财富，可怕的是不懂得去理财，不会把钱用好用活。上面故事的主人公之所以能成功，就是因为他通过不懈的努力，领悟到了一些理财道理，自己掌握了管理财富的能力和技巧，所以，很快地能够让财富越积越多。会理财也是财富。在现代社会，理财的机会无时不有，无处不在，关键是看我们能不能把握住。一个懂得理财的人，一定会努力学习，一定会注意平时的每一个细节，从中去发现商机。同时，他也会充分准备，去积累原始资本，一旦商机到来，就能够把握住。在这个商机无处不在的社会，我们必须时刻提醒自己，不断学习，不断思考，不断寻找商机。当你发现了一些理财规律，懂得理财的时候，你就具备了抓住财富的资格。一旦机会来临，你就会成为财富的朋友。俗话说得好：勤劳是穷人的财富，节俭是富人的智慧。

■ 实用妙招

学会理财，成为财富的主人

1. 积累理财知识和经验。马云说：没有人通过鲨鱼、鲸鱼赚出钱来，结果从虾米肉里面挖出钱来。农民朋友不要刻意追求一夜暴富，投资要从小钱赚起，多观察、学习别人的理财观念，在投资前多了解一些行业资讯和动态。央视新闻联播被称为"中国政坛的风向标"，节目宗旨是"宣传党和政府的声音，传播天下大事"。而做好个人理财，每天最好能收看CCTV－1新闻联播，你可以从中获知许多市场的供给和需求状况、经济的最新动向，从而能正确判断个人投资理财的方向。与此同时，我们应多做功课，多学习投资理财知识，可以选择看理财专家视频、教程以及书籍等。学习的同时还要学会做好笔记，记录下你的学习感悟，把重点理财知识记录下来，平时拿出来温习，这样能有助于提高自己的能力。只有通过长期的努力和知识的积累，我们才能找到符合自己需求的理财途径，让科学的理财规划帮助我们实现发财致富梦想。

2. 积累必要的原始资本。如果我们想自己当老板，必须摒弃自己打工的思维，首先要有本钱，理财有大有小，但无论大小，都需要资本，如果没有资本，那就是"巧妇难为无米之炊"。因此，当我们有了一定的财富后，还要懂得珍惜财富，这些财富就是"钱生钱"的本钱。现在有的农民朋友苦日子过久了，一旦有了钱便大手大脚地花，想买什么就买什么，经常是"月光族"；有的挣了钱春节回家，大有"衣锦还乡"的派头，休闲时整天喝酒打牌，把一年的辛苦钱都"赌"在牌桌上；有的形成攀比心理，别人有的，自己也一定要有，修房子、进饭店、穿名牌、买名车等，在攀比中把血汗钱消耗掉。这些做法会耗掉自己好不容易辛苦挣来的血汗钱。农民朋友必须把赚来的钱都攒起来，如果有好的投资机会，就要果断投资，使手头的积蓄"钱生钱"。

3. 帮别人理财能挣钱。如果我们自己的钱不够，可以通过学习掌握足够的理财知识和理财技能，帮助钱多的人理财，既为他们创造财富，也为自己挣得可观的收入。

三、你理财，财理你

"你若理财，财可生财"是投资理财中的黄金定律。它告诉我们，必须主动去

第一章 巧理财，钱生钱

"理财"。理财可致富，而不懂理财的人终有一天财富会枯竭。当然，财富不是天上掉下来的馅饼，通常是你主动去找它，它才会搭理你，如果不主动去"理财"，财不会去"理"你。钱多钱少都要理财，穷人不要说没钱可理，就算是银行存款也属于理财的一种。钱少的人更要注意通过记账调整自己的消费结构，也可以投资一些门槛较低的固定收益类产品，千万不要让自己的资金永远停留在原始积累阶段，要善于合理配置资金，创造更多的财富。每一个农民家庭都需要资本，需要财富。但是，我们要想获得财富，必须学好本领，理好财，这样才能使我们的财富变得更多。

（一）根据自己的风险承受能力理财

不同的人都有自己独特的理财风格。农民朋友在理财时，必须正确评估自己的风险偏好。首先要考虑自己的个人情况，如有没有成家，有没有需供养的人口，支出占收入多大比例，家庭负担怎么样等；其次要考虑投资趋向，比如对新兴事物接受能力的强弱；最后要考虑性格取向，不同性格的人在面对一些事情的时候，会做出截然不同的选择，性格会决定人们在理财过程中产生不同的理财行为。农民朋友在评估自己的性格、判断自己的风险偏好后，再结合自己的风险偏好和风险承受能力来选择投资理财方式。

故事再现

炒股气疯了老婆

黄晓兰是江苏盐城沿海地区一个村庄的瓜农，他承包了40多亩地种植大棚西瓜。但是耕作毕竟是靠天吃饭，有一年，降雨量明显超出常年，苏南、上海一带西瓜销售不畅，瓜价也是一落千丈，连能不能卖掉都成了问题。黄晓兰家的瓜地里有几万斤西瓜等着瓜贩子来收购，但迟迟不见瓜贩子来，即便来了，价格也压得很低，黄晓兰舍不得卖。隔壁老王开了一家食品店，因为进货需要，时常出入市区，掌握的信息多，因此他在这个村子里较早成为股民，也挣了一些钱。黄晓兰看到隔壁老王炒股挣了钱，心想："种田这个苦吃不下去了，在地里忙一个季节赚的钱，在股市可能一个月就赚到了。"黄晓兰终于眼红了，只要投入几万元，动动手指头，一天就能赚几百元甚至几千元，这对黄晓兰这样一直靠耕作本本分分赚钱的农民而言诱惑实在太大。"国家经济下行压力大,必须拉动股市,带动经济!""这一轮调控和7年前不一样,沪市要破万!""不需要懂炒股,大形势下,买什么股都涨,傻子都能赚钱!"互联网和信息技术的发展,尤其是手机应用技术的发展,农村的社交方式发生改变,社交范围也得到拓展,黄晓兰不断看到这样鼓动的信息。他的一个在城里生活的亲戚是老股民,亲戚游说黄晓兰夫妇说,她认识证券公司的人,有内部消息,跟着她做就行了。

按捺不住内心的冲动,终于在2015年4月的一天,黄晓兰在城里亲戚的陪同下,去县城的证券交易所开户了。当时,他们连沪市、深市、创业板什么都没搞懂。"证券公司的经理让我们填了一堆申请表,我们也不懂,按要求签字就是了。"黄晓兰开户炒股,夫妇俩投入了十多万元,为儿子准备买房的钱都投进去了,瓜地也一度无心照顾。他们每天盯着大盘,冒险心一度被激起,炒过疯狂的权证,但短短三十多天后,2015年5月28日,7年前"5·30股灾"的一幕上演了,股市一泻千里。黄晓兰损失惨重,和其老婆相互之间不停埋怨,经常吵架,甚至还大打出手,他老婆几乎都到了疯癫的境地。

故事分析

股票不是想炒就能炒的

从上面的例子可以看出,黄晓兰不是炒股票的料,同时,他的家庭情况也不适合炒股这种方式理财,因为,他的财富来源途径有限,经不起大的风险,一旦亏了本,一家人都会受累。因此,农民朋友必须根据自己的风险偏好来选择适合自己的投资方式,只有通过这样才能到达财富的彼岸。如果我们不顾自己的性格而一味地跟风,人云亦云地去投资,很有可能血本无归,还要背上沉重的债务包袱。古希腊有一个关于驴和蚱蜢的寓言故事。驴子听见蚱蜢唱歌,被美妙动听的歌声所打动,自己也想能发出同样悦耳动听的声音,便羡慕地问它们吃些什么,才能发出如此美妙的声音来。蚱蜢答道:"吃露水。"驴子便也只吃露水,没多久就饿死了。这则寓言告诉我们这样一个道理:不要不假思索地模仿不适合自己的理财行为,不要轻易去冒自己冒不起的风险来理财,必须根据自己的风险承受能力去选择适合自己的投资方式。

第一章 巧理财，钱生钱

■ 实用妙招

如何找准自己赚钱的方向

1. 投资理财要明确自己的风险偏好。如果有些农民朋友不爱好冒风险，则应选择较为稳定的投资理财方式，可以购买储蓄、保险、国债等金融产品，也可以选择购置诸如黄金、古董、邮票等具有增值前景的商品，还可以选择投资经营诸如小饮食店之类的风险较小的经济实体。如果有些农民朋友胆子大，偏好风险，敢于追求高收益，配置资金时可以多配置一些股票、民间借贷、期货等理财产品，经济条件好的可以买商铺、投资入股办高科技企业，这些投资产品既可以承担较高风险，也能博取较高的收益。

2. 投资理财要选择熟练的项目。要认真仔细地调查你想选择的理财项目，如2015年相继出现的一些理财产品，买之前要看清产品说明书上写明的是委托谁来运作的，是以银行名义出售的理财产品还是银行自己销售的理财产品，是网上还是网下申购，历史上的经验本金是否会损失，收益大概有多少等。另外，用一个正常的心态去判断理财项目也是非常重要的。如果有人吹嘘这个世界上有稳赚不赔的事情，保证本金无忧、收益较高，或者是先以高额贴息的方式吸引存款，比如在享受正常银行定期利率的基础上，再分别贴息3.5%和4.4%不等，就不应该轻易去相信。任何一个超过市场平均收益率水平很多的产品，都要打个问号认真想想，是不是以往历史业绩做到了，是不是风险程度较高，又或者有别的更好的理由可以支撑！总之，在选择理财项目时，必须了解项目的确切收益大小及其风险大小，做到心中有数，避免出现大的失误。

3. 投资理财要设立合理的风险底线。任何投资理财都有风险，关键是看你如何有效规避和把控风险，坚守住自己的风险底线。从理财角度讲，保障本金的安全就是所要坚守的风险底线，不论是作何投资，都不能让你的本金遭受损失的风险。不管是钱存在银行还是配置理财产品，你看中了他们的收益，可他们要的是你的本金，所以无论何时都要看好自己的本金，不能为了高收益而跨越自己的风险底线。尤其是不要作风险偏好的两面派，一方面将自己定格为不能承担高风险的投资者，另一方面又在买卖股票、期货等高风险理财产品。

4. 投资理财要设立合理的收益底线。只要你的资金流动起来了，就能获得相应的收益，只是收益的形式不一样而已，但是很多人往往没有自己的收益底线而频频落入理财陷阱中。当然,投资理财的最低收益底线是跑赢居民消费价格指数的涨幅,这是最起码的底线,如果低于居民消费价格指数,自己的本钱就意味着贬值缩水。

(二)比较收益成本做出理财选择

在市场经济条件下,任何一个农民朋友在进行投资时,都要考虑具体投资行为在经济价值上的得失,必须认真比较投资成本与收益。因此,我们在投资理财时,如果投资理财的收益大于成本,则可以投资,力图用最小的成本获取最大的收益,反之就应放弃这项投资。

故事再现

聪明的农家女小霞

小霞出生在湖北黄冈的一个小乡村。1982年,16岁的小霞从家乡只身南下广东闯荡,希望在经济发达的广东地区找到成本低、回报快的项目。从鞋到文具到布匹,她都因缺乏资本而不得不放弃。

1998年年初,小霞从新加坡一个归国的朋友那里第一次接触到了花泥画。敏感的她立刻意识到花泥画里蕴涵着无限商机。花泥画的成本低,只要打开市场,盈利是不成问题的,于是她就开始对花泥画的原料、制作工艺等进行深入研究。心灵手巧的小霞在几个月的时间里很快摸熟了花泥画的制作流程,并制作出了大批手工精美的花泥画作品。"做出来的画总不能只摆在家里看,得卖掉换成钱!"小霞选择了深圳,她认为,深圳是沿海城市,又是改革开放的前沿,接受新事物必定很快,花泥画的销售应该不成问题。2000年年初,小霞带着简单的行李和那台相伴多年的电脑,搭上了南下的火车来到深圳,借宿在老乡家中。小霞买了几块板和一些原料,在家做起了花泥画,做成后,她就在附近的学校门口摆起了地摊。3个月后,小霞听说国际商品贸易大厦里的小铺面每月只要700元,于是在大厦5楼租下一个不到10平方米的工作间。小霞花泥画艺术中心就这样成立了,她的生意越做越好。这时,小霞想到一个不用摆地摊、又能卖出好价钱的点子——她将作品找人装裱后拍成照片,推销给画廊和酒店。于是,她又租下了大厦5楼的第二间门面,把它设置成展厅。当时每天都有很多年轻人来大厦找工作,再加上宣传的效果,开始渐渐有人找上门。小霞的生意越做越大,花泥画艺术中心年收入达到了400万元。

■ 故事分析

要赚钱先算成本账

从上面这个例子可以看出,小霞是个做生意的料。她知道投资要考虑的各种成本支出,认真比较成本与收益之间的差额,然后再做出正确的投资决策,赚取更多的钱。一个人在进行投资决策前,必须认真考虑投资可能的成本与收益,并比较收益与成本,看收益能否大于成本,然后再做出投资决策。只有这样,才能避免盲目投资,才能使我们的投资产生更多的钱,才能使我们的财富越来越多。

■ 实用妙招

如何计算成本与收益

1. 收益计算要切合实际。在计算收益时,要切合实际、理性,不能加入虚的个人幻想。比如,你想办个干洗店,你们镇有3万成年人,个个都要干洗衣服,每人每年干洗3件,就需要9万件,每件除去进货成本可以赚5元,所以一年下来可以赚45万元,镇上有5个干洗店,你如果有五分之一的客源,每年也可以赚9万元。这是一种典型的幻想型投资方式,你没有对假想的顾客群体进行细分,干洗店经营的干洗业务并不一定适合所有的成年人,有部分老年群体可能会采用传统的方式清洗衣服,这就会减少部分消费者。

2. 成本计算要合理。在计算投资成本时,考虑要周全,既要考虑显性成本,也要密切关注那些隐形成本。以上述干洗店投资为例,干洗店经营不仅有干洗设备成本,还有门面的装修费用、租金、水电、员工薪资、进干洗原料时的交通费、干洗过程中洗坏衣服产生的赔偿费用等,这些开支都是经营干洗店要考虑的成本。

3. 要有最好的准备,做最坏的打算。在做一个投资理财项目的成本效益分析时,要留有一定的余地,多做最坏的打算,最大限度地考虑不利情况带来的负面影响。再以上面干洗店投资为例,你应充分考虑,干洗店在保本经营情况下每天要干洗的衣服数量能否完成基本工作量;如果出现不可预期的事件,比如门面被收回去了、员工辞职了、干洗原料是次品等,你是否有应急措施等。

(三)比较理财风险做出理财选择

按照风险和收益对等的原则,不同的理财产品具有不同的风险和收益。一般情况下,投资理财产品的风险越高,获取的收益也越高,风险低的理财产品收益率会相对较低。因此,农民朋友在投资理财时,首先要清楚自己要投资理财产品的风险高低,如果我们仅仅追求较为稳定的收入,则可选择一些投资风险相对较低的理财产品。不过,同样是投资风险较低的理财产品,不同产品的收益率也会出现较大差异,投资者可以货比三家,摒弃收益率很低的"鸡肋"产品;如果投资理财产品的风险相对较高,只能在该投资理财产品有相应较高的回报时才能投资,否则会得不偿失,为时晚矣。

■ 故事再现

郭旺财成功的投资计划

江西南昌的郭旺财出身农家,父母是在田间种地的农民,自己则在一家做外贸出口服装的工厂上班。经过多年努力,郭旺财积攒了一笔积蓄,他报名参加了当地一所大学夜校开办的学习班,学习了一些理财知识,工作余暇还买了一些投资理财方面的书籍。

2013年下半年,郭旺财因所在工厂效益不好被裁员了,只好回乡务农,他决定利用自己的积蓄好好规划未来的发展。过去,郭旺财主要把钱存在银行,他嫌利息低,想找一个利息比较高的理财方式。而他的父亲曾经在银行买过一份分红保险,最后没有拿到应有的分红,郭旺财因此对银行愈发的不信任。除此之外,村子里年息15%~20%的民间借贷机会不少,但去年出了几起"跑路"事件,一些村民的钱没能拿回来,现在大家基本上不敢碰民间借贷,郭旺财也认为不靠谱。郭旺财在对家乡认真考察之后,结合自己平时积累的理财知识,构建了自己的投资组合:一是承包20亩地,加上自家连续几年歉收的9亩多耕地,全部流转

第一章 巧理财，钱生钱

给了合作社，并把租金折价入股，转身变成了合作社"股东"；二是给全家五口人每人买了一份人寿保险；三是在自家后院办了一个生态鸡养殖场，饲养土鸡，并将房子前面的水塘进行深挖，改造成饲养水鱼、青鱼、草鱼等多种水产品的鱼塘，办了一个兼有钓鱼休闲娱乐的农家乐；四是在金融机构买了一份理财产品；五是留了10%的积蓄在银行办了一个半年期的定期存款业务。经过两年的打拼，郭旺财的投资组合产生了效益。2015年年底，入股合作社分红预计能有7000余元，农家乐经营收入约有35000元，再加上散养的一些土鸡，全年收入约为5万余元。2016年，尝到了甜头的郭旺财仍决定坚持原有投资组合。

故事分析

鸡蛋放在多个篮子里才保险

从上面的故事看，郭旺财的投资理财策略是进行投资组合，也就是多个篮子里放鸡蛋。农民朋友在进行投资之前，务必充分考虑清楚各种投资带来的风险和收益，然后根据这些投资产品的风险和收益做出投资组合决策，以达到降低投资风险，获取较为稳定的投资收入的目的。千万不能不考虑各种理财产品的风险，而盲目投资某一种有高回报的资产，这样的话，很有可能出现血本无归的状况。

实用妙招

理财要注意什么

1. 掌握相关的理财知识。农民朋友并不要成为理财专家，但是，对理财要有正确的认识，理财可不是一夜暴富，如果认为只要理财就能马上发财，就会忽略风险，最后是赔了夫人又折兵。逐步富裕起来的农民朋友要补上理财这一课，学习理财知识，掌握理财技能，学会理财，善于理财，使自己的资金保值增值。

2. 合理构建投资组合。虽然农民朋友的理财意识开始觉醒，但对于如何理财仍然处于相对弱势状态，资金实力不强，抗风险能力弱，心理承受能力差。因此，农民朋友在投资理财时，还是选择一些风险低、收入较为稳定的理财产品。

与此同时，农民朋友要考虑拓宽投资渠道，融入现代理财生活。如今理财不再只是单一的储蓄，而是股票、基金、债券、期货、集资、参股等应有尽有，异常丰富。农民朋友应进行组合投资，分散风险，增加发财致富机会。

3. 咨询理财专家。如果农民朋友不清楚要投资理财产品的风险和收益状况，可以通过电视、书籍等了解项目的风险和收益状况，城市金融资源多，提供了许多理财资源和理财工具服务，而移动互联网的普及让身处"金融荒漠"的农民朋友也可以和城市居民享受同等的服务。在当前农村资本市场比较落后的情况下，农民朋友可以利用农闲时间到城市的金融超市、理财中心、股票交易大厅等处看看，以选择更为适合自己的理财方式，也可以通过亲朋好友的帮助向专业的理财顾问咨询。

（四）比较理财产品流动性做出理财选择

流动性是指个人或者家庭所有的资产能够以合理的价格随时变为现金的能力。大部分的资金供给，像养老金的储备、子女的教育费用、创业资金以及旅游消费这样的支出都来自流动资产。因此，农民朋友在做家庭理财时，要从家庭财务的流动性、安全性和收益性角度出发，保持一个家庭正常运转，要优先考虑日常开销以及突发紧急情况后不时之需的现金流，保持流动资产的适当比例，多问问自己"我投资的这笔资金是否可以用在其他地方？预期收益是否划算？能否很快变现？"如果理财产品预期收益低、变现难，就可能会陷入家庭财务危机。所以，当我们的钱不是很多的时候，在选择投资产品时，最好是选择一些流动性相对较好的理财产品，便于家庭急用时的资产变现，也可为投资其他更有利可图的项目提供便利。

故事再现

买了寿险赚不到门面钱

小张是贵州毕节的一位青年农民工。2010年起，他和妻子在深圳一家化学危险品生产企业打工，两人月收入加起来为3000元，每月生活支出1200元，小孩支出500元，父母在老家种地，每月赡养费300元。经过多年的打拼和省吃俭用，小张夫妻俩积攒了5万元。

第一章 巧理财，钱生钱

    2014年年底，企业要进行裁员的消息在同事之间悄悄流传，小张也听到了类似的传言，并且十分担心。他认为，企业低技术员工较多，平时工作也较为清闲，如果企业要裁员，自己应该是首当其冲，这也就是说，自己很可能会面临失业。而自己一旦失业，家庭收入就会大幅减少，那么家庭财务就可能会出现问题。而且，作为双职工家庭，企业裁员，则意味着夫妇两个都有可能面临失业。若是这种情况发生，会带来什么后果，小张甚至都不敢设想。这时，小张的老乡推荐小张夫妇双方为被保险人、子女为受益人，来投保以定期寿险为主险、意外伤害保险作为附加险的险种。为了应对失业和高危工作的风险，几经讨论之后，小张和他的妻子决定购买小张老乡推荐的定期寿险。购买定期寿险没多久，小张老家所在乡镇实施区划调整，成为中心镇。为推动乡镇发展，并鼓励在外务工人员回乡创业，乡镇政府在乡镇主要街道两边建设了大批底层带门面的住宅，优先向返乡务工人员销售。小张父亲算了一笔账，如果盘下一个底层带门面的住宅，可以经营饮食店，每年也有1万多元的收入，于是东拼西凑了15万元准备为小张买下一个门面，但还是差4万多元。小张父亲要小张夫妇将这几年的积蓄拿出来，然而，小张已经将钱全部买了寿险，身上没有一点活动的余钱了，只好眼睁睁地看到机会溜走。结果同在企业打工的一位同乡辞职回乡，买了一个门面经营水果店，当年就挣了2万多元。

■ 故事分析

钱要用活才是钱

    小张在投资理财时，忽略了资产的流动性，丧失了其他更好的投资机会。在现代社会中，可能随时都需要用到现金，因此，我们农民朋友在理财过程中，有必要想到提前兑现对理财效益的影响，同时要考虑变现的方便性和及时性，从而保证在遇到突发事件时能够及时变现，确保手中能掌握一定数量的现金。否则，当一些更好的投资机会来临时，会因为缺少资金而手足无措，失去挣更多钱的机会，导致小张那种把钱理"死"了的尴尬局面。

■ 实用妙招

如何处理好流动性与收益的矛盾

流动性和收益性是一对矛盾体,通常是流动性强的资产,收益低。如何处理好流动性与收益的矛盾呢?

1. 充分认识投资产品的流动性。在购买理财产品时,应关注一下产品的流动性情况,看看赎回时间及费率的相关规定,能不能质押等。建议农民朋友将资金区分为长期资金及流动性资金分别进行投资,如长期闲置的资金可考虑购买中长期的理财产品,如房产、定期存款等,收益率也会相应提高。如果是流动性资金,可以投放于活期储蓄、通知存款、货币市场基金等存取方便灵活、流动性较强的金融工具,构建几乎无风险的"应急篮子";也不妨购买开放式理财产品,如有些银行的理财产品,工作日可以实时赎回,预期年化收益率高于活期数倍,非常适合流动资金进行碎片化理财。

2. 按照自身特点选择流动性。投资理财需要关注三个要素:安全性、收益性和流动性。此三要素不可兼容,投资理财的本质,就是牺牲其中一到两个要素,来换取另外一到两个。牺牲的程度越大,换取的就越多。如定期存款,就是牺牲了收益性和流动性,来换取安全性;而活期存款,则是极大地牺牲了收益性,来换取安全性和流动性。因此,我们在投资理财时,在考虑流动性、收益性和安全性的情况下,尽量选择流动性较强,又有一定的收益,同时还有一定安全性的资产。流动性较强的资产变现力较强,同时可以得到一些投资其他收益更高的资产的机会。我们在考虑资金流动性时,必须考虑我们的资金是否会在短期内有其他用途,如果短期内资金会有其他用途,就投资一些流动性较高的资产,以便随时提取资金;如果没有,可以把资金用来购买股票、股票型或平衡型基金、房地产等流动性较差的资产,以期获得高收益,构建中高风险的"投资篮子"。

第二章
钱生钱，有诀窍

世界上最好赚钱、最容易赚钱的事情大概就是钱生钱了。或许，你会认为，钱生钱是有钱人的事，穷人只能干着急。其实，我们每个人都有钱，只是多少不同，钱多钱少都必须生活，必须用钱，因此，也必须学会理财。在农村，传统的农民大部分只会靠苦力赚钱，然后把赚来的钱存到银行，这也是钱生钱的一种最简单、最实在的方法。作为新型农民，仅仅会存钱还远远不够，那么怎样才能科学理财呢？本章将介绍如何用钱来生钱，帮助农民朋友掌握钱生钱的秘密。

一、存钱有学问

"有钱了存银行"虽然是个略显"落后"的理财观念，但却是农村家庭一直热衷的事情。不过，"存银行"也有很多技巧，存钱方法得当，收益将大为改观。很多农民朋友很少留意存钱的技巧和方法，以致经常由于一些不恰当的做法而造成了不应有的损失。在农村，许多农民朋友或许会选择定期存款，因为利息较高。但是这就是把钱理"活"的最佳方法吗？不是的！商业银行有活期储蓄、定期储蓄、定活两便储蓄、零存整取储蓄、教育储蓄、存本取息定期储蓄、整存零取定期储蓄存款、通知存款等多款储蓄存款品种，储蓄组合也有多种方法，我们应结合自己的实际情况和储蓄目标进行储蓄品种的巧搭配。有的农民朋友适合多存定期存款，有的则适合多存活期存款，因人而异。因此，农民朋友玩转存款，充分榨干银行的利息，也是门学问。好的存钱习惯应该是让农民朋友手里的闲钱充分转动起来，尽可能不要让钱闲置着。不管钱多钱少，只要是闲钱，就应该利用好每一天，让钱通过时间的复利赚钱。

(一)活期定期不糊涂

存钱是存定期,还是存活期,或是选择储蓄组合,不是一个简单的选择题,而是一门学问。一般来说,钱存活期利息低,但是可以随用随取,用钱比较方便;钱存定期的利息高,但用起来不很方便。有些农民朋友以为只要把钱存进银行,既安全又有利息,心里就满足了,至于是存定期还是存活期,就不是要关心的问题,更不在乎定期利息和活期利息孰高孰低。其实,这种理财观念是错误的。如果存进银行的资金数量少,那么存定期和存活期的利息差别不是很明显,但是如果存入银行的资金数量相当大,那么定期利息和活期利息的差别就大了。

■ 故事再现

刘老伯一时疏忽损失大钱

刘老伯是广东北部一城郊村的农民。2014年,当地政府搞城市扩容提质,刘老伯有三间闲散老屋,正好处在政府征地拆迁红线范围内。曾做过两年村会计的刘老伯十分支持政府搞建设,主动早早签约,在获得政府奖励后共得拆迁款120万元。当年5月,政府将拆迁款汇入了刘老伯的银行账户。120万元,这对一辈子务农的刘老伯来说是一笔巨大的财富,夜深人静之时刘老伯与老伴拿出存折,戴上老花镜,把存折上的数字数了一遍又一遍,刘老伯激动地对老伴说:"这辈子哪里见过这么多钱呀!辛苦了大半辈子,也该我们享享福了。"刘老伯老两口就与旅行社签约,办了去海南的旅游,时间一长,就没去管银行账户上的拆迁款了。6个月后,刘老伯想在县城买房,就去银行将拆迁款取了出来,除了120万元的本金后,还得到了2100元的利息,刘老伯很高兴。到了年底,刘老伯儿子回家过年,听刘老伯说起这事后,告诉刘老伯,刘老伯实际上还少了16200元的利息,因为当时的活期年利率是0.35%,3个月的定期利率是3.05%,如果当时转存了6个月的定期存款,其利息收入将为18300元,相差近9倍!就这样,由于刘老伯没有选择好拆迁款的定期和活期存款方式,6个月就白白损失了1万多元的利息。

第二章　钱生钱，有诀窍

■ 故事分析

存钱也是大学问

从以上例子可以看出，刘老伯没有选择合适的存款方式，造成一定的利息损失。农民朋友在选择储蓄作为理财方式时，必须事先想好自己在不久的将来可能会有哪些开支，把可能的开支以活期存款的形式存在银行，把其余那些可能要较长时间才需要的开支，按需要开支的时间以定期存款的形式存进银行。这样既可以增加利息收入，又可以方便用钱。尽管可能一次获取的利息不很多，但是，时间长了，积少成多，就是一笔非常可观的利息。因此，农民朋友要学会储蓄，才能最大限度地增加利息收入，减少不必要的利息损失，资金配置才能实现财富增值。

■ 实用妙招

如何选择存活期和存定期

1. 留足日常生活费用。不管怎么样，我们总会有一些日常开支和一些意外支出。因此，我们如果有较多的钱，就必须有部分钱存活期，存款的数量可以根据以往日常开支数额再加上一定数量的备用金来决定。通常情况下，我们赚的钱越多，需要交易的钱也越多，活期存款也就要相应的多一点。

2. 精准把握今后用钱时间。如果你在未来某个时间段要用钱，你就必须精准地把握这个时间点，使钱的存期和用钱的时间大体一致，到时就可以顺利取出来用。

3. 定期存单要善于化整为零。很多农民朋友在办理较大数额现金定期存款时，通常很喜欢只开一张存单，或是等到到期日比较接近的多张定期储蓄存单都到期后，再拿到银行一起转存，让自己拥有一张"大"存单。虽说这样做便于保管，但从储蓄理财的角度看，这样做不妥，有时可能会造成不必要的利息损失。如果算不准什么时候用钱，我们可以多开立几个存单，将大额款项分解成多笔数额不等的同期限的小额存单，或者分解成期限不同的多笔存款。这样，在存款到期前一旦急用钱，需要提前支取存款，可根据情况支取其中的一张或几张存单，剩下的还是定期,不至于影响到全部存款,从而把利息损失降到最低。

(二)定期存款有窍门

我们把钱存入银行时,不仅要搞清楚存定期还是存活期,更要搞清楚定期存款的期限。定期存款的大额存单期限包括1个月、3个月、6个月、9个月、1年、18个月、2年、3年和5年共9个品种,合理选择存款品种也是个理财技巧。现实生活中,大部分农民把赚到的钱存进银行,而且以定期存款为主。怎样选择定期存款期限才最适合自己的需求,且又能取得更高的利息呢?我们先看一个小故事。

故事再现

莫小贝的金字塔式储蓄法

莫小贝是来自云南山区的打工妹,1995年就在东莞打拼,经过多年努力,她成长为东莞一家制衣厂的白领。她是这个制衣厂里最节省的人,她存在银行里的钱的利息非常可观,因此,许多人向莫小贝学习如何更好地存钱。只要工友问起,她就将自己的方法与大家分享。

莫小贝说,之前工作非常忙,根本没时间打理工资卡里的钱,也不善于管理存单,总是选择活期存款或将几个定期存单累计成一笔"大单"。后来她发现,每月把到账的工资闲置在工资卡里远不如做定期划算,于是就运用金字塔式存钱法,既不耽误日常需求,又能最大限度地收获银行定期储蓄的利息。她说,刚到东莞的三年里就纯挣了1万元,她将这1万元分成4份做定期储蓄,而每张存单的金额成金字塔状:1000元,2000元,3000元,4000元,分别存3个月、6个月、1年和2年的整存整取储蓄存款。假如急需1000元时,可只取1000元的存单,其他9000元定期利息可照常享受。另外,为避免到期后忘记转存而造成不必要的利息损失,她在做定期储蓄时还与银行约定"自动转存"。这样,她每年都有存单到期,用钱方便,利息也很可观,相比一般的存款利息高多了。莫小贝使用金字塔式储蓄法十多年了,很好地实现了她的理财目标,该储蓄法也成为厂子里其他工友熟稔的存钱方法了。

第二章 钱生钱，有诀窍

■ 故事分析

存钱也是大学问

存钱的目的有二：一是使用方便，能够随时提现；二是能够增值。如何实现两者兼备，莫小贝"抠门"的金字塔式储蓄法给了我们启示。储蓄期限有长短期之分，银行给的利息也有多少之别。长期存款和短期存款有不同的特点，长期存款利率较高，但流动性差；短期存款利率较低，但安全性较高，提取方便。因此，我们在进行存款理财时，应结合自身性格、年龄以及自有资产数量等条件去合理选择符合自身需求的储蓄期限。如果你日常交易比较多，担心风险，又想在适当的时候进行投资，则应选择短期存款；相反，如果自己想获得更多稳定的收入，就应选择长期存款。

■ 实用妙招

科学存钱的窍门

学会科学合理地存钱，能提高存款收益，也便于用钱方便。如何科学合理地存钱呢？以下是几个小窍门：

1. 不做月光族。每月花钱要有合理的计划，月底将实际支出与计划支出进行比较，坚决杜绝月月光的问题。

2. 存钱要精巧。应改变原有存钱思路，不要等到凑满整数才去存钱，只要有余钱就存，上万的，就分存，每张1万或几千；平时每月结余的以千为单位，月初先存掉一部分，月底根据实际情况再存一部分。

3. 存期要有变化。银行加息减息经常发生变化，存期也有长短变化，不要只存一种期限的钱，要向莫小贝学习。

4. 根据用途选择存钱方式和期限。如果你比较年轻，就应当少存些钱，尽量多地投资其他渠道，以获取更多的钱，为以后的生活打下坚实的基础。如果你是一个年龄比较大的人，可以选择长期储蓄多一点，以保障养老。

5. 学会阶梯存储法。以5万元为例：2万元为活期，供随时支取；余下3万元中，一年期、二年期和三年期定期储蓄分别存1万元。一年后，将到期的1万元再存三年期,以此类推,三年后持有的存单全部为三年期,但到期年限不同,依次相差一年。这种方法的特点是年度储蓄到期额等量平衡,既能应对储蓄利率的调整,又能获取三年期存款的较高利息。

6. 学会运用五张存单法。把存款分成五份,一份存定期一年的,两份存定期两年的,一份存定期三年的,一份存定期五年的。第二年,定期一年的存单到期,取出来连本带息存成存款期为五年存款;第三年,那两份定期两年的存款到期,取出一份续存定期两年,另一份存成五年;第四年,第一年存的三年期定存到期,同样取出存成定期五年;第五年,第三年时转存的那份两年期存款也到期了,也取出存成五年。这样形成了为期五年的定期存款循环链,既能最大可能地赚到银行利息,又能最大可能地避免因银行利率的调整而带来利息上的损失。

7. 学会运用组合储蓄法。这是一种存本取息与零存整取相结合的储蓄方法。如果我们有一笔额度较大的闲置资金,可以选择将这笔钱存成存本取息的储蓄。在一个月后,取出这笔存款第一个月的利息,然后再开设一个零存整取的储蓄账户,把取出来的利息存到里面。以后每个月固定把第一个账户中产生的利息取出,存入零存整取账户。这样,不仅存本取息储蓄得到了利息,而且其利息在参加零存整取储蓄后,又取得了利息。比如一笔10万元的闲置资金,若是选择存二年期,24个月都分别有一笔利息存入另外一个账户,再去计息。

(三)存钱仍需勤打理

我们也许认为,钱只要存到银行里,银行就会按照他们的规定给予利息,实际上,这是一种错误的理财观念。钱到期了,如果你没有在存款时约定自动转存,或者银行不能自动转存,你就必须勤去打理,否则,也会损失利息收入。

故事再现

谭小凤勤打理存款有甜头

贵州某县有位叫谭小凤的农妇,和丈夫一起在县城做环卫工人,夫妇两人每月工资加起来有3000元。工资卡基本都是谭小凤统一"管理",每月收入除去房租500元、日常家庭开销1000元和通讯娱乐消费100元,两人结余约为1400元。因为每个月的工资被公司直接打到了工资卡里,和同事朋友的做法相同,谭小凤几乎都是需要用钱时才刷卡或到ATM机取现,剩余部分就继续放在卡里领活期利息。

有一天,一位在银行里做清洁工的老乡告诉谭小凤,她应该到工资卡发放银行办理活期转定期业务,银行有自动转存服务,只要提前开通服务并设定好转存点,根本不需要每个月跑银行,工资卡里的资金在超过转存点时,会自动从活期账户划转到定期账户中,享受比活期存款高得多的利息收入。

半信半疑的谭小凤随后就办理了自动转存业务,委托银行在自己的工资卡中每月保留600元,其余资金则分成两份,分别转存到半年期和一年期的定期子账户上,相应地谭小凤能获得的利息也比活期高出了不止2个百分点。

故事分析

存款也要勤打理

从上面的例子可以了解到,谭小凤存钱时勤打理,采用自动转存业务,结果获得了比活期高的利息收入。目前各家银行基本都有自动转存服务,农民朋友完全可以设定零用钱金额、选择定期储蓄比例和期限等,实现资金在活期、定期、通知存款、约定转存等账户间自主流动。

实用妙招

怎样科学打理自己的存款

1. 规划好自己的存款。较短期的定期存款流动性较强,到期后马上可以重新存入。如果不急需用钱,可将到期的存款连同利息及手头的余钱接着转存为定期。这种"滚雪球"的存钱方法,一定会使你得到更多的收益。

2. 充分利用银行的服务。当前,银行对定期存款有各种提醒服务,如通知服务、自动转存服务等。如果预约了这些服务,到时银行会自动提醒,避免你因忘记而损失利息等。

二、学会钱生钱

钱放在手中不去投资就像一潭死水不流动,毫无意义。我们必须学会像魔术师一样把手中的钱变得越来越多。魔术师能够把手中的钱变得越来越多,是要付出艰辛努力的,即使这样,魔术师变钱还只是一种用来表演的假现象。而我们要学会把手中的钱变得越来越多,必须努力学好一些用钱生钱的本领,选择好适合自己的投资方向,只有这样,才能使我们手中的钱像滚雪球一样越来越多。

(一)投资增值钱生钱

一般来说,有了钱应该投资,投资尽管会有风险,但是,只要在有赚有亏中,亏的比赚的少就行。投资是使自己的钱保值增值的重要渠道,是钱生钱的重要渠道,当前的大部分有钱人,都是用投资的方法钱生钱的。因此,对于年轻人,要寻找投资的机会,要拓宽投资的渠道,学会钱生钱的本领,不要让钱在银行里睡觉,尽管有少量的存款利息,但是,如果物价上涨,你的钱就难免贬值。

故事再现

丁小平40万起家成百万富翁

丁小平是苏北某市郊的一名普通农民。21世纪初,他进城办了一家服装厂,经过6年的经营,有了40万元存款。当时,丁小平意识到钱存在银行的利息还赶不上物价上涨的速度,因此,他于2009年将40万元存款拿出来租了50亩山林地,引进了5万只鸡苗。他精心饲养了4个月,派人到各个农贸市场去推销,都被一抢而空,日销量达到5000多只。到了2010年5月,他的养殖基地已经发展到50多万只草鸡的规模,他却越来越多地为鸡的销路发愁了。市民需求量有时候很大,有时候却很小,需求量小时,鸡就会囤积。该卖的鸡如果囤积起来就会增加成本,一只鸡每天至少需要两角钱的饲料。丁小平就琢磨怎样能增加鸡的销量。在销售活鸡的过程中,他了解到,不少市民喜欢吃鸡但却不愿自己宰杀,怕把自己家里弄脏了;而且有些家庭是双职工,没有时间做饭,去饭店吃,价格又比自家烧贵得多。丁小平每天往各饭店送几千只鸡,他觉得,饭店的生意也很好,如果自己开个饭店专门做鸡,肯定能卖得更好。

第二章 钱生钱，有诀窍

2010年6月，丁小平在苏北某市区租下来开草鸡馆的店面。但他却并不着急开业，而是先招了5名厨师，让他们在一个普通的砂锅炖草鸡上忙活了几天，总共做了48种砂锅。通过各种调料的试验，请很多市民来品尝，最后确定了一种草鸡砂锅的制作方法。2010年9月11日，丁小平的草鸡馆开业，主打菜肴就是砂锅草鸡。每份半只鸡价格12元，是刚够成本的价格。为了多卖鸡，丁小平并不想靠饭店挣太多的钱，超低的价格引来了媒体的质疑，但他这一招果然让食客一下子记住了，媒体的报道又让他的小店声名远扬，以至于不少人就把到他的店吃饭当成了吃工作餐。在开业后的2个月里，丁小平又相继推出127种和草鸡有关的菜肴，这些菜肴都成了吸引顾客的招牌，每月的销售收入达200万元。丁小平由最初的40万元存款实现了月销售收入200万元的巨变。而当初如果存进银行，2年的利息收入则少得非常可怜。

故事分析

钱是越活越安全

钱要流动起来，在流动中实现钱的价值，实现钱的保值增值。在现代社会，投资的机会越来越多，投资的渠道越来越宽广。因此，有了钱就应寻找投资的机会，把钱用活，钱就会越安全。丁小平40万元资金的投资项目给了我们启示：丁小平把钱用活了，成了百万富农，而如果他把钱存在银行，尽管得到了少量利息，但是永远成不了百万富农。

实用妙招

钱怎样才能活起来

1. 寻找投资机会。遇到投资机会时，要比较投资与存银行的机会成本，如果机会成本低，就去投资，让钱去赚钱。

2. 在稳妥中有冒险精神。钱是赚来的，因此，不要认为钱永远是你的，你合理地花出去也是应该的。因此，投资不要怕亏本，只要你看准了就投，即使亏了，你可以想，钱反正是要给别人的，下次再来。

3. 投资有风险,选择要稳当。尽管钱要花给别人,但是投资时一定要考虑风险,稳妥投资,才能把钱用活,才能用钱赚到钱。

(二)入股分红钱生钱

随着农村经济的发展,农村各种合作社也发展迅速。合作社一般都是由农民自己建立起来的,合作社自己承担风险,社员享受利润。在合作社入股的资金叫股金,在赚了钱以后,可以按股份的多少分红。一般来说,入股分红分得的红利比银行存款高,因此,入股分红也是农村钱生钱的一条可行的渠道。

■ 故事再现

农民文阿三入股合作社赚钱

文阿三是广东某村的一个普通农户,2011年前,文阿三一直在广东雷州半岛一带做木材生意,每年收入六七万元,对于农村家庭,生活过的还算富裕。然而,生在农村、长在农村的他,对土地有着一种热爱,一直思索着通过种地发家致富。2012年2月,文阿三承包了位于村里陈公坝附近的70多亩滩涂地,发展葡萄种植。但是因为没有种植技术,头两年的葡萄产量不高,葡萄种植基本亏本。2014年初,村党支部组织乡亲们成立了葡萄种植合作社。文阿三深感发展葡萄种植靠单打独斗是行不通的,只有走产业化、集约化、规模化路子,才能致富。考虑到自己缺少葡萄种植技术和生产经验,他将自己承包的70亩土地以每年每亩800元的价格租赁给合作社,参与了合作社的经营管理,还在葡萄园区中负责日常管理,每天能获得100元管理绩效收入。当然,最让他期待的还是年底的股权分红,"一股1000元,我入了70股,一年光分红就不会少!"2015年,村里的葡萄供不应求,就连所育的3万株葡萄苗也早早断了货,仅葡萄合作社分红就有7万元收入,文阿三赚了个满盆钵。

第二章 钱生钱，有诀窍

■ **故事分析**

入股合作社赚红利轻松钱生钱

合作社是农民本着"入社自愿、退社自由"的原则自发成立的，采取民主管理、民主监督等民主化的管理制度，市场化程度高，运行机制灵活，通过将散户集中起来，变一家一户经营为集约经营，有利于扩大生产经营规模，降低生产成本，增强抵御市场风险的能力，提升农业经营效益，是农民投资的好渠道。在入股合作社后，可以从中得到分红，比在银行存款要赚钱，如果经营得好，也很安全。上面的故事中，文阿三把钱入股到葡萄合作社相比于存到银行是较为划算的，这样提高了他的资金收入。当然，合作社也有风险，我们在入股合作社之前，必须仔细分析准备入股的合作社近些年的经营业绩，必须根据当地合作社的经营情况来判断是否入股。如果经营状况良好，效益呈持续稳定增长趋势，可考虑加入；如果经营惨淡，效益不高，则需慎重，否则很有可能赚不到钱甚至亏本。

■ **实用妙招**

如何到合作社赚红利

1. 准确选择合作社。合作社是自负盈亏的单位，要赚了钱才能分红，否则，你自己的钱也会亏进去。因此，要准确选择入股的合作社，看它近几年的经营情况，看它的发展前景。否则，不要轻易入股。

2. 参与合作社的管理。既然入股了合作社，你的钱投进去了，你就要参与合作社的重大决策，要参加股东大会，及时了解合作社的经营状况，不要一入了之，别到时合作社亏了你才知道。

（三）债券生息钱生钱

债券是政府、金融机构、工商企业等机构直接向社会借债筹措资金时，向购买者发行的，承诺按一定利率支付利息并按约定条件偿还本金的债权债务凭证。债券的本质是债的证明书，具有法律效力。债券购买者与发行者之间是一种债权债务关系，债券发行人即债务人，投资者（或债券持有人）即债权人。由于债券的利息通常是事先确定的,所以,债券又被称为固定利息证券。在我国,购买政府债券就是政府向你借钱,你是债主。一般来说,政府信用好,你不必担心他们还不起钱。

债券作为一种重要的融资手段和金融工具具有如下特征:偿还性、流通性、安全性和收益性。债券的收益性主要表现在:一方面,投资债券可以给投资者定期或不定期地带来利息收入;另一方面,投资者可以利用债券价格的变动,买卖债券赚取差额。因此,债券对农民来说,尤其对那些想要稳定收入、又害怕风险的农民来说,是一种比较好的投资方式。

■故事再现

李钢黑老伯买债券

在河南省某村有位叫李钢黑的57岁老人,他年轻时在广东打工,做过保安、建筑工人,后来在一家港资制衣企业做基层管理人员。经过几十年的努力,他也攒了30万元的积蓄。2015年,由于国家经济转型,制衣企业裁员,李钢黑就回到了老家,想将30万元存到县里的一家银行。银行的客户经理听了李钢黑的经历后,就对他说:"钱不能还像过去那样只是存起来,那样利息收入不高,可以买国债。买国债是目前国内最安全的投资方式,它有国家信用做保障,既稳定,利息又比同期存款高一些,如果持有未到期凭证式国债而又急需资金时,可持本人有效身份证件、凭证式国债收款凭证或国债账户卡(折)到原购买银行办理提前兑付。"李钢黑仔细想了想,认为国债没风险,有急用了还可以提前取,而且利息也比存款高,买了踏实。因此,他听从客户经理的指导,在银行存了5万元,其余的25万元用于购买了国债,他仔细盘算了一下,一年要多出万把块钱。

■故事分析

买债券当债主也赚钱

李钢黑的理财方式既没有风险,要用钱也方便,是较为合理的。买债券就是借钱给发行债券的人,是当债主,借钱给有信誉的人,特别是买国债,既支持了国家建设,又能够稳妥收利息。因此,无论是从国债的收益性、流动性和安全性考虑,还是从李钢黑的年龄考虑,国债都是较为适合李钢黑的投资形式,能够实现稳妥的钱生钱。

实用妙招

懂得债券的基本知识

1. 认清债券的种类。(1)按发行主体分类,债券可分为国债、地方政府债券、金融债券、企业债券、国际债券和国外各种机构发行的债券;(2)按偿还期限分类,债券可分为短期债券、中期债券和长期债券;(3)按偿还与付息方式分类,债券可分为定息债券、一次还本付息债券、贴现债券、浮动利率债券、累进利率债券和可转换债券;(4)按担保性质分类,债券可分为抵押债券、担保信托债券、保证债券和信用债券。

2. 债券也有一定的风险。债券不是完全没有风险,风险与收益成正比。如果购买没有担保的企业或者公司的债券,利率就比银行储蓄高,但是风险也高,如果发行人破产的话,本金会有损失;而信用最高的是国债,但只有凭证式国债和储蓄国债高于银行定期储蓄,以1万元本金为例,现在每年比银行定期多40元的利息,不过发行少,且不太容易买到;还有一种国债叫记账式国债,因为是上市交易的国债,其利率比银行储蓄低,虽然可以赚取二级市场的交易差价,但是也可能浮亏,跟股票一样,价格跌了,卖出的话就会亏损。

3. 关注债券的流动性问题。债券的流动性强意味着能够以较快的速度将债券兑换成货币,同时以货币计算的价值不受损失;反之,则表明债券的兑换速度较慢。影响债券流动性的主要因素是债券的期限,期限越长,流动性越弱;期限越短,流动性越强。另外,不同类型债券的流动性也不同。如企业债券的流动性会因公司资信等因素而有很大差别,那些规模小、经营差的公司发行的债券,流动性要差得多;反之,对于那些资信卓著的大公司或规模小但经营良好的公司,它们发行的债券的流动性是很强的。而政府债券在发行后可以上市转让,因此流动性较强。

(四)商业保险钱生钱

保险分为商业保险和社会保险。商业保险大多具有投资理财的功能,因此,购买商业保险既有保险的功能也有赚钱的效益。保险是用来备不时之需的,它是人们生活中一种实实在在的需要,不仅是理财工具,也是理财环节,购买保险也是投资理财的一部分。在现代社会,不管你家庭的收入是高是低,实际上都应该买保险。对于富有家庭而言,家庭收入和积蓄能够完全覆盖未来的所有开销。从需要上来讲,他们可以自己承担所有的风险,不需要太多保障。对中产家庭来说,很多家庭还没有完全实现财务自由,投资收入也不足以覆盖家庭未来的所有开销。中产家庭买保险,可以保证家庭在财富的积累过程中,遇到重大疾病和意外事故时,维持家庭生活品质不会出现太大改变。低收入家庭买保险,可以消除重大疾病及意外状况对家庭造成的致命打击。但从钱的使用效率上来讲,用最少的钱办最多的事,是我们的终极目标,所以富有的家庭把保险作为资产保全工具也不失为一个好的选择。当前,商业保险在农村发展迅速。商业保险不同于社会保险,它的特点是商业性和自愿性,不需要国家强制,具有帮助人们理财的功能。商业保险也不同于股票基金和存钱,它的显著特点是为某些风险提供保障。因此,保险理财也是我们必须知道的重要理财方式,是一种钱生钱的门道。

故事再现

朱大衣尝到了保险的甜头

朱大衣是海南某镇的蔬菜种植大户。该镇是个农业大镇,总耕地面积为7万多亩,由于靠近海边,受地理位置的限制和恶劣天气的影响,农户种植的蔬菜每年都遭受涝灾、病虫害、倒伏等自然灾害。2014年,超强台风来袭,台风过境后,全镇蔬菜损失严重,朱大衣种植的110亩蔬菜中有80亩因强台风而损毁。然而,让该镇其他农户惊讶的是,朱大衣在灾后的第三天就开始灾后恢复生产工作,疏通已受损地块的排水沟,迅速排除田间积水,修补完善排灌设施,对被淹地进行清理耕翻,并添置了大量的棚膜、钢架,发展大棚蔬菜。利用8月的高温天气深翻炕土,及时补种小白菜等品种。村民们都很纳闷,朱大衣虽然是蔬菜种植大户,但没有其他的经营收入,平时积蓄也不多,这次台风灾害也让他损失惨重,

第二章 钱生钱，有诀窍

他的两个小孩还在读大学，没有收入来支持他灾后恢复生产，他从哪里得到那么多的钱？在乡亲们的追问下，朱大衣告诉老乡："蔬菜大规模受灾对于我来说，不亚于当头一棒，幸亏有蔬菜保险这样的保险产品。镇农险办和保险公司立即组织人员走到田间地头，查勘农业受灾情况，收集整理受灾理赔的各种报案材料等，及时处理保障理赔，3天就能把理赔款打过来！从而领到了58800元理赔款。政策性农业保险是我进行农业生产的坚定'靠山'。"

■ **故事分析**

投资保险有效益

商业保险具有投资价值，也是一种钱生钱的方式。从上面的例子可以看出，朱大衣购买的蔬菜保险是商业保险，他自己按规定交保费，在保险期内，因火灾、雷击、暴风、建筑物倒塌等原因直接造成蔬菜大棚的损失，将由保险公司负责赔偿。这也是一种值得考虑的投资行为，我们的钱用来购买蔬菜商业保险品种，让保险公司钱变钱来为我们保障农产品的种养。朱大衣购买了蔬菜商业保险产品，不仅使钱保值增值了，同时也减轻了农业再生产面临的各类风险，给农业生产带来了极大方便。这也为农民购买商业保险提供了借鉴。

■ **实用妙招**

商业保险理财须知

1. 认清商业保险的性质。社会保险具有保障性，不以盈利为目的，由国家强制参保，社会保险的资金由国家、企业、个人三方面分担，国家和单位统筹大部分基金，个人只要交一部分，如农村合作医疗保险和农村居民养老保险等。商业保险不是社会保险，商业保险自愿投保，以合同契约形式确立双方的权利和义务关系，没有国家强制，也没有国家的补助。商业保险具有经营性，保险公司是以追求经济效益为目的进行投资运作的，赚了钱保险公司还要留一部分，因此，商业保险的钱是"羊毛出在羊身上"。

2. 明确自己的需求。商业保险的分类有很多种，以保险标的不同分为财产保险和人身保险两大类。财产保险包括企业财产险、家庭财产险、机动车辆保险、国内货物运输保险、责任保险、信用保险、保证保险和农业保险；人身保险包括人寿保险、人身意外伤害保险和健康保险。不同的保险公司又有很多种类型，比如平安人寿保险公司有分红保险、万能险、投连险、少儿保险、养老保险和健康保险等保险产品，中国人寿保险公司有商业养老保险、少儿保险、理财保险、健康保险、定期寿险、终身寿险和意外保险等保险产品。保险的目的不外乎有收入保障、生命保障、养老保障、伤残保障、疾病医疗费用保障等。农民朋友在选择保险时应对症下药，了解自身需求，要有针对性，在确定了相应的需求后，才可选择相适应的保险种类。有关的具体类型及购买办法可以向相关保险公司咨询。

3.商业保险不一定比存银行赚钱。我们很多农民朋友听到保险公司的人一介绍，感觉购买商业保险似乎是很赚钱的生意。其实，商业保险并不一定比存银行赚钱，大多数还要比银行利息低。但是，商业保险一般具有保险功能，如保障一些意外的财产损失和意外生病、伤亡能得到赔偿等。

4.商业保险的流动性很小。有些人可能搞不清，认为商业保险和银行存款一样。其实，商业保险是有时间限制的，并且时间都很长，如果你想不到时间就拿出来，可能连本金都拿不回。因此，投资商业保险一定要小心这个"陷阱"。

（五）活买股票钱生钱

股票是现在城市市民钱生钱的快速工具，炒股票的涨停一天可以增长10%。因此，在2007年以及2015年上半年，中国人人炒股的趋势令人吃惊。当前，炒股风蔓延到了农村，但是，股票的风险很大。1929年美国股市出现大崩盘，纽约证券交易所道琼斯指数一泻千里，股价指数从最高点386点跌至1932年的41点。在这场股灾中，数以千计的人跳楼自杀。美国著名的经济学家欧文·费雪几天之中就损失了几百万美元，瞬间倾家荡产，从此负债累累，直到1947年在穷困潦倒中去世。由此可见，如果不能承受股票的风险，就不要轻易炒股。

股票投资具有稳定性、风险性、责权性、流通性的特征。因此，我们在股票市场上准备购买股票时，必须通过认真考虑这些特征来做出是否投资股票的决定。由于我们每个人的性格、知识、经验及自身经济条件都不同，在选择投资的时候也会有差异。同时，由于股票风险性较高，因此，并不是每个人都适合投资股票。股票的风险较高，相应的收益也较大。因此，那些有较高的风险承受能力、懂得炒股知识又有条件的农民朋友，可以尝试炒股。

第二章 钱生钱，有诀窍

■ **故事再现**

做清洁工的马英梅炒股只赚不赔

农妇马英梅进城打工，因为年龄大，找不到好的工作，就投靠侄女，在侄女工作的证券公司做清洁工，一干就是20年。在这7300个日日夜夜里，她耳闻目睹了许许多多炒股人的炒股故事，亲眼见证了股市的几起几落。后来，她将她全部的积蓄都拿出来炒股，令人称奇的是，她炒股从来就是稳赚不赔。一名清洁工居然成为了股神，因此，许多人认为她有从不亏损的炒股"神技"，都向她请教炒股"秘籍"。这位在证券公司清洁卫生的农妇说："我哪里会炒股啊，更别说什么神技、秘籍之类的东西了。我只是看见来证券公司的人越来越少的时候，我就花钱买了股票，也没管它，等到来证券公司的人越来越多的时候，我就卖掉，我就是这样炒股的。"

■ **故事分析**

炒股有风险，但炒股也有规律

这位做清洁工的马英梅炒股之所以赚钱，是因为她会悟。她虽然不懂炒股技术，但她却能够悟出炒股的一些真谛。归纳起来就是两条：一是股市上永远都是少数人赚钱而大多数人赔钱；二是股市永远是在绝望时"雄起"而在疯狂时结束。

股市有风险，入市要谨慎。股票投资是一种能够让我们快速富起来的途径，但是如果我们过于贪婪，总是想着股价还会上涨很多，总觉得赚得还不够，醉心于股市，不知道适可而止，及时脱身，就很可能在股市低迷或是股市突然大幅动荡时血本无归。因此，我们在购买股票的时候，一定要小心。

> 实用妙招

如何在股市里钱生钱

没有人能够保证在股市里一定赚钱,否则,他就是全世界最大的富翁了。但是,股市有规律,股市也有经验。因此,掌握好规律,也可以在股市里赚钱。

1. 坚信趋势为王。股市是呈波浪式前进的,上涨下跌都有一定的周期。当股市上涨时,什么股都赚钱,当股市下跌时,什么好股都会跌。因此,要注意股票市场的趋势,不要硬撑。

2. 买股票要看公司。股票是股份公司发行的所有权凭证,是股份公司为筹集资金而发行给各个股东作为持股凭证并借以取得股息和红利的一种有价证券。每股股票都代表股东对企业拥有一个基本单位的所有权。买股票要看公司业绩。买股票后自己就是股东,如果不看公司业绩,自己不仅赚不到钱,而且还会亏钱,如果公司破产了,自己还会赔更多。只有公司业绩好,才能享受分红、送股等报酬。千万不能追风买垃圾股票,否则套进去就难以翻身了。

3. 保持良好的心态。股市有风险,赚钱不可靠。每一个人进入股票市场,都是带着一种从中获利的心态而来,绝不会有人会想来这里赔钱。至于以后在股票市场中到底会出现什么情形,结果如何,却是谁都无法一时说清楚的。"炒股炒心态,功夫在股外。"要想成为赢家,炒股想赚钱的话,农民朋友必须要有良好的心态,要做好"利益自享、风险自担"的心理准备。在股票下跌时,不怨天尤人,不丧失心态,否则就会影响你的判断力,做出错误的决定;而如果能保持良好的心态,理智地研究行情,分析技术指标,将能避免不必要的损失,并获得比较丰厚的收益。

4. 不要把所有的钱都去炒股,不能借钱炒股。我们应是在手中有闲钱时才去炒股,不能带着赌徒心理,将所有的钱投进股市。只将我们能承受损失的资金投资到股票市场,即使这笔损失真的发生了,在可以预见的将来也不会对日常生活产生任何影响。那些需要靠固定收入来维持生活的高龄农民朋友,或者是没有工作只能依靠存款生活的农民朋友,都应该远离股票市场。股市有风险,入市须谨慎。每个人都知道,每个人都能看到,但并非每个人都能做到。要想做到长期投资成功,而不是一时投资成功之后又输个精光,就一定要牢记:千万不要借钱炒股。这是股神巴菲特的忠告,也是他之所以能够保持长期投资成功的重要原则。

(六)基金投资钱生钱

证券投资基金是指通过发售基金份额,将众多投资者的资金集中起来,形成独立资产,由基金托管人托管,基金管理人管理,以投资组合的方法进行证券投资的一种利益共享、风险共担的集合投资方式。证券投资基金是一种间接的证券投资方式。基金管理公司通过发行基金单位,集中投资者的资金,由基金托管人(即具有资格的银行)托管,由基金管理人管理和运用资金,从事股票、债券等金融工具投资,然后共担投资风险、分享收益。证券投资基金具有集合理财、专业管理,组合投资、分散风险,利益共享、风险共担等特征。与股票、债券、定期存款、外汇等投资工具一样,证券投资基金也为农民朋友提供了一种投资渠道。

■ 故事再现

别人亏老高赚

64岁的老高来自山东济南,十年前因为老伴查出来癌症,需要10万元做手术,就开始来深圳打工。他在工地做的是搬砖运水泥的活,十年间基本上过着常年在外漂泊的生活,平常尽量不请假,现在做手术借的钱还清了,还攒了7万多元。由于年龄大了,建筑行业整体形势不好,"人多,活少",外出务工人员工资普遍低于去年的标准,2015年10月,老高就返乡了。老高在沿海呆了十年,对理财有了一定的感悟,就想将手里的现钱进行投资理财。老高的外甥小王大学是学金融学的,毕业后在农村信用社工作,有专业的理财知识,就对老高说:"2015年不折不扣的大股灾来临后,股市持续震荡下跌,中国股市波动推动了对安全资产的需求,加之经济表现持续疲弱,央行放松货币政策以稳定日益放缓的经济,债券市场持续上涨,债券型基金表现肯定会好。"因此,老高就委托外甥小王买了7万元的债券型基金。果然,到了2016年3月,老高购买的债券基金收益率超过30%,小王果断帮他出售,纯赚了3万多元。

故事分析

赚钱要运气更要精明

老高的外甥小王有专业的理财知识,是一个精明的人,帮助老高在人家炒股亏得要死的时候,稳稳地赚钱。从上面的例子可以看出,投资者必须开阔眼界,不能把眼光只放在某一市场上。像老高的外甥小王一样在关注股市的同时,也要看到债券型基金市场。尤其是当股市处于低迷状态时更要如此,股市的低迷之日很有可能就是债券型基金市场的兴旺之时。同时,投资理财必须具备一定的专业知识,才能准确地分析市场。这也要求我们农民朋友在决定进行现代形式的投资时,首先要加强对自己能力的培养,熟悉某种投资的相关知识与技巧,才能百战百胜,赚到尽量多的钱财。

实用妙招

选择基金需要注意些什么

1.了解基金的种类。按规模是否可变动及交易方式,分为封闭式基金和开放式基金。开放式基金在国外称共同基金,它和封闭式基金构成了基金的两种基本运作方式。封闭式基金有固定存续期,期间基金规模固定,一般在证券交易场所上市交易,投资者通过二级市场买卖基金单位,而开放式基金的基金规模不固定,基金单位可随时向投资者出售,也可应投资者要求买回。按照投资对象的不同,分为股票基金、债券基金、货币市场基金和衍生证券基金。股票基金以上市交易的股票为主要投资对象;债券基金以国债、企业债等固定收益类证券为主要投资对象;货币市场基金以短期国债、银行票据、商业票据等货币市场工具为主要投资对象;衍生证券基金以期货、期权等金融衍生证券为主要投资对象。根据投资目标的不同,可分为成长型基金、价值型基金和平衡型基金。成长型基金是指以追求资本增值为基本目标,较少考虑当期收入的基金,主要以具有良好增长潜力的股票为投资对象;价值型基金是指以追求稳定的经常性收入为基本目标的基金,主要以大盘蓝筹股、公司债、政府债券等稳定收益证券为投资对象;平衡型基金则是既注重资本增值又注重当期收入的一类基金。一般而言,成长型基金的风险大,收益高;收入型基金的风险小,收益也较低;平衡型基金的风险和收益介于两者之间。根据投资理念的不同,可分为主动型基金和被动(指数)型基金。主动型基金是一类力图超越基准组合表现的基金;被动型基金则不主动寻求取得超越市场的表现,而是试图复制指数的表现,并且一般选取特定的指数作为跟踪的对象,因此通常又被称为指数型基金。相比较而言,主动型基金比被动型基金的风险更大,但取得的收益也可能更大。农民朋友应对基金的种类进行详细的了解,以便在购买时选择合适的类型。

2. 选择基金的管理团队。基金是一种委托管理形式。选择基金应了解该基金的经营团队素质,经营团队的素质是选择投资的最高标准。基金的宗旨应该是服务于机构和个人投资者,而不是为基金公司的所有者创造价值,共同基金必须由最诚实的人以最有效、最经济的方式进行管理。考察基金管理团队的素质,应注意以下三个因素:一是洞察力,主要指把握机会的能力;二是远见;三是使命感,有为基金持有人服务的责任与使命。

3. 判断自己的承受能力。(1)确定风险容忍程度。投资人对风险承担的程度随年龄、个性及社会阶层的不同而不同,若风险承受能力较强,则可以优先选择股票型基金。股票型基金比较适合具有固定收入、又喜欢激进型理财的中青年农民投资者。风险承受能力适中的人宜购买平衡型基金或指数基金。风险承受能力差的人宜购买债券型基金、货币型基金等风险较低的基金类型。(2)确定资金运用时间及数额。如果资金可供运用的时间比较短,再喜欢冒险的投资者也不该投到过度高风险的基金上。同时,也要衡量自己的收入情况,手中握有的资金越多,能够承担的风险就越大。(3)确定对未来收益的期望。如果投资者希望投资的收益较为固定,就适于选择债券型基金;若是偏好较高的利润,可以选择较积极的股票型基金。投资者要根据自己的年龄、收入情况、财产状况与负担、时间与精力、投资收益的目标与年限以及自己的风险承受能力等诸多因素来决定自己投入基金的金额。

(七)收藏有道钱生钱

随着现代科学技术的迅猛发展,投资的手段越来越多,我们可以选择的投资方式也越来越多。除了购买房子、股票、基金、债券和保险外,我们还可以投资一些诸如古董、邮票、名画等具有保值增值效用的物品,以及一些衍生品,如期货、期权等。不过,这些投资需要专门的知识,否则,就不要赶时髦。当然,这些投资形式迟早会在农村市场得到迅速发展,因此,农民朋友必须了解和掌握一些相关的知识。

■ 故事再现

张老三收藏发大财

出生于安徽凤阳农村的张老三,家庭条件差,从1985年开始收破烂,有一次收废品时,看到了一个贴了我国首套生肖邮票——庚申年猴票的信封,当时张老三把它作为珍宝收藏。从那开始,张老三就一边收破烂,一边收集邮票。张老三先后到临沂、济宁、滕州等地寻找邮票。有一次,张老三得知滕州市东戈镇有人收藏了水浒传大版系列全套邮票,他先后八次骑车到物主家,希望购买。开始该物主不想卖给他,后来终于被他的执著感动,张老三如愿得到了他期盼已久的邮票。为了收藏更多更好的邮票,张老三发动自己的亲戚、同乡去寻找。他收藏邮票已达到痴迷的程度,甚至拿自己卖破烂的微薄收入去收藏邮票。近年来,张老三已经收藏了近3万张邮票。2015年10月,他花了3个月时间,从收藏的邮票中整理出200多枚,以"抗日烽火""抗日掠影""抗日人物""人民的胜利"为主题,分门别类地进行整理,在村里举办了抗战胜利70周年邮展。前不久,张老三儿子结婚时,他将一套梅兰芳小型张卖了10万元,为他儿子做彩礼。

■ 故事分析

邮票投资需要时间

张老三集邮是几十年如一日的坚持积累,才有了今天的财富。从这个例子可以得出启示,当我们选择投资一些具有增值前景的资产时,要有耐心,经过较长时间的等待后,这些资产才会增值,增加我们的财富。假如我们缺乏现代投资的知识,又不想去冒较高的风险,那么去投资一些具有增值前景的物品就是一个较好的选择。这样就能够为我们未来的生活提供一张"保险单"。

■ 实用妙招

收藏时应注意的问题

1.鉴别收藏价值。除了资本市场的投资以外,收藏钱币、邮票、古董等都是很好的投资方式,既可以为家庭的未来积累财富,还可以陶冶情操。在闲暇之余,只要自己慧眼独具,注重观察和收集,意想不到的财富或许就会从天而降。事实上,几乎所有的收藏品都能够成为一种投资,而年代的久远与否往往决定着收藏品的价值,因而对年轻人来说,收藏的确是一种较好的投资方式。20世纪50年代一张不起眼的邮票,在当时的中国非常便宜,只要一两分钱,但到了20世纪90年代以后,仅一张就可能涨到上万元人民币,身价成千上万倍地增长。

2.注意稀有性。在现在看来会增值的东西,由于受市场环境变化等因素的影响,数年之后很有可能没有增值,甚至会贬值。所以,我们在购买可能增值的物品时,应该尽量选择购买那些发行量少甚至仅发行一次的物品。或者是去购买一些社会知名人士的物品,那样增值的可能性相对要大些。真货通常情况下都会有增值空间,因此,我们在购买物品时切记要注意明辨真假,一定要避免购买假货。

3.考虑风险性。收藏品有流动性差的缺点,这部分"资产"很难在短时间内变现,找不到合适的买家,或者是短时间变现,将会损失很大一笔收益。因此,收藏品投资看起来"高大上",但实际上对缺乏专业知识的农民朋友可能并不适合,特别是对年龄较大的农民朋友,他们应去投资一些有稳定收入、能较快变现的资产。当然,如果想为自己的后代留下一些有价值的遗产,即使农民朋友的年龄偏大,还是可以购买并存储一批诸如黄金、玉等具有升值潜力的产品。

第三章
借鸡生蛋，借钱赚钱

现代社会的理财机会越来越多，给我们创造的条件也越来越好。但是，并不是每一个人都能够顺利地理财，理好财。理财不仅要能养鸡生蛋，还要能借鸡生蛋。理财中的借鸡生蛋，就是借别人的钱来经营赚钱。并不是借到了鸡后就万事大吉，我们还要让母鸡生出蛋，生好蛋，多生蛋。也就是说，在理财时，仅有勇气、信心和资本是远远不够的，还必须有善于理财的技巧。如何借鸡生蛋？到哪里借鸡？怎样让鸡生蛋？怎样让鸡生好蛋？怎样让鸡生更多的蛋？解决了这些问题后，农民朋友才能理好财，获取更多的物质财富。

一、借鸡生蛋是本事

人的一生，难免有缺钱的时候，因此，我们要学会借鸡生蛋，借钱赚钱。借钱既是一种技巧，也是一种策略，但不是每一个人都知道如何去借钱。生活中，我们经常会看到一些农民朋友为借钱而发愁，不知从哪里能够借到钱，担心借不到足够的钱……这一方面是因为一些人缺乏自己的发展规划，等到突然需要钱的时候再匆匆忙忙去借钱，一般来说，别人没有钱等在那里让你借，所以借钱难度难免会大；另一方面，许多人平时只知道向亲朋好友借，向邻居借，缺乏其他的借钱渠道，一旦亲朋好友和邻居没有钱借给他们，就会一筹莫展、束手无策。

（一）借钱要找好门路

借钱的渠道有很多，并不仅仅局限于传统的亲友、邻居、村民等，农民朋友应多了解和熟悉借钱渠道。有时，有些农民朋友认为借钱是一件丢人的事，甚至以自己从不向他人借钱为荣，殊不知，借钱如能得当，就能借鸡生蛋，能够得到较好的理财效果。

第三章 借鸡生蛋，借钱赚钱

■ 故事再现

詹中伟会借钱当了大老板

詹中伟是河南坝头村人,2001年大学考试失利后,就走向社会,在酒水公司做过业务员,去外贸公司跑过市场。虽然收入尚可,但她总盼着拥有自己的事业。2006年,詹中伟结婚后辞了工作回到家乡。村里以种棉花为主,她瘦弱的身子干农活很吃力,要想闯出一片天地,只能再找出路。当时,农民远程教育落户到村里,配备一台电脑,还能上网。詹中伟当上了管理员。这让她有了了解外面世界的机会。她先后考察过养貂、花卉、柳编等技术,但都觉得不太适合村里实际。

2011年初,一个肉鸽养殖致富的信息吸引了詹中伟的注意,她向亲戚朋友借了7万元,从潍坊以每对200元的价格购进了100对种鸽,并建成了大棚。当她花光了向亲戚朋友借的钱,连买饲料都成了问题时,遇上了来村里进行"信贷助推农村妇女创业行动"调查的镇妇联主席罗桃阳。经过罗桃阳协调,她从信用社申请到5万元贷款,渡过了难关。

2012年,詹中伟的第一批200对肉鸽卖了出去,她不仅还清了贷款,还开始盈利。詹中伟准备筹集资金扩大规模,又向政府申请了政策性贴息贷款15万元。用这些钱,她建成了能容纳7000余对种鸽的养殖小区,年收入达60余万元。2015年,詹中伟成立垦利县东方肉鸽养殖合作社,把身边的养殖户都吸引进来。合作社统一采购饲料、统一防疫、统一销售。周边乡镇在詹中伟的带动下发展起来的养殖户达100多户,年销售肉鸽1.5万只。2015年底,在镇政府帮助下,詹中伟又向信用社借款25万元采购设备,发展肉鸽初步加工产业,并注册了商标。她的养殖基地二期工程已开工,建成后能把周边养殖户都搬进来,肉鸽年出笼量将达2万只。

■ 故事分析

借鸡生蛋是理财

多一条渠道多一份成功。詹中伟突破了传统的借钱渠道,大胆地从亲朋好友那儿借,从信用社借,进而获得了足够的资金,如愿地开办了肉鸽养殖场,捞到了人生的第一桶金。她不仅自己挣了钱,还带领乡亲们致富,成就了自己的人生。由此可见,詹中伟借到的不仅仅是钱,还是一只会下金蛋的鸡。由此看来,会借钱也是一种策略,一种技术,更是一种理财的手段。在现代社会,通过借钱赚取大量钱的人比比皆是,因此,我们要掌握借钱的渠道,学会借钱生钱。

■ 实用妙招

怎样才能借到钱

在现代社会,借钱的渠道越来越多,如银行、农村金融合作社、担保公司、农民金融互助组等。选择哪种渠道借钱,怎样才能从这些机构或组织中借到钱,都是不小的学问。

1.选择哪种渠道借钱。首先要考虑我们投资项目的收益情况以及收益回收的时间长短等。如果需要的资金较少,我们宜采取单一渠道借钱;如果确实值得投资,需要的资金又比较多,我们可以从多个渠道想办法借钱。当然,不管我们从哪种渠道借钱,都要采取慎重的态度,应多咨询、多考察、多比较、多论证。

2.怎样才能顺利借到钱。从上述这些机构和组织中借钱,除了需要规定的步骤和程序外,还有一项是不能缺失的,那就是个人信誉。借钱要讲信用,但是,信用不是自己说出来的,而是做出来的,还要别人承认。因此,我们平时要注意自己的信誉,要讲话算数,讲究诚信。

3.怎样才能多借一些钱。现在银行对农民的贷款条件很严格,通常情况下农民很难从银行贷到较多的钱。那么,如果想借更多的钱,除了游说亲朋好友、民间借贷之外,我们还可以考虑银行等金融机构抵押贷款,也就是把我们那些比较值钱的东西进行抵押,然后获取一定的贷款数额,这样的话可能更容易借到比较多的钱。

(二)借钱要提前准备

在急需用钱时,你去向别人借钱,别人很难立马应允,一般要留给别人一个考虑缓冲期,向银行等金融机构借钱也是如此,总是有一个时间差。在日常生活中,我们会看到一些农民朋友在需要用钱的当口上才想着去借钱,以至于手忙脚乱,忙里出错,甚至出现一些遗憾的事。因此,如果你认为可能需要借钱,就要提前做好准备,打有准备之仗,以免在用钱时没有及时借到钱而影响个人发展。

■ **故事再现**

高利贷害苦姜骏益

道真是国家级贫困县。但是在道真,老百姓有一句俗话:就算砸锅卖铁,也要供孩子读书。读书,在道真人看来,是摆脱贫穷的最好通道。46岁的姜骏益信奉的是"黄金棍下出人才"。对他来说,最遗憾的事情是父亲去世早,他上学只上到初中。姜骏益拼尽全力支持两个孩子读书,他靠当地的传统项目烤烟叶来维持整个家庭的运转,好光景时,一年收入3万元。这3万元要供养母亲,保证家庭支出。2014年,他女儿姜程3年前考上了沈阳药科大学,儿子姜度今年考上了省城重点高中。姜骏益的第一感受就是:"这几年没白上。"3年前,姜程以570分的高分考到道真中学,期末考试"只考了530分",姜骏益在大街上就下手打姜程。姜骏益太清楚贫穷的滋味了,他希望孩子们能走出大山,希望"他们以后过好一点的生活",而读书,在姜骏益看来,是最好的一条路。然而高兴之余,姜骏益立刻苦闷起来,照顾家里基本上是入不敷出,现在又要考虑支付一个医科大学生、一个在省城读高中的小孩的生活、学习费用,借钱是在所难免了,但是姜骏益想到开学再去借钱。

临到开学,姜骏益开始到处借钱,但是左邻右舍,不是将钱存了定期,就是购买了生产资料,尤其是经常来往串门、原本答应借钱的村上同组老王因为儿子结婚将钱全部投到房产了,也借不出钱了。亲戚中家境稍好的,或是盖楼房或是刚借给他人钱,也不能借给他钱。因此,直到姜骏益的小孩去读书,姜骏益全家人还在愁学费没着落,没有办法,他只好通过别人按照3分的息借了1万元。为了偿还这笔高息贷款,姜骏益进城打工,起早贪黑,一般每天都干十几个小时,终于在一年后连本带息还清借款,当初借了1万元,还了1.36万元,短短一年就多出30%的利息。

故事分析

借钱要提前准备

姜骏益的女儿考上重点大学,儿子考上省城重点高中是件喜事,但是,因为没有提前做好借钱准备,结果借钱的过程痛苦不堪。因此,在我们要进行某项计划的时候,必须提前做好充分的准备,千万别等到要上战场的时候才想到练兵,那样的话只会吃败仗。

实用妙招

怎样做好借钱的准备

1. 做好家庭规划。要做好家庭短期、中期和长期发展规划,心里应有一个底。到哪个发展阶段需要借钱,最需要借的是哪笔钱,这笔钱需要借多少,准备向谁借,什么时候去借钱等,都要做到心里有谱。

2. 做好摸底工作。向谁借钱以及借多少钱,是做好借钱准备的重要内容。借钱是门学问和艺术,有钱的人不一定会借钱给你,即使有钱人借给你钱,也不一定能够完全按照你的要求把钱借给你。因此,我们在借钱之前,应该先和别人通通风,探探对方的口气,看对方是如何反应的,再决定是否向人家借以及借多少。

3. 做好还钱计划。别人凭什么借钱给你?别人不仅要考察你平日的信誉,还要考察你的还钱计划,尤其是在民间信贷中,借贷双方都要明确何时还钱、给不给利息、给多少利息等关键内容。"口说无凭,立字为证",借条是必须打的,即使是向自家亲兄弟借钱,也要打借条,这样一是可以避免忘记,二是可以避免不必要的纠纷。

二、哪里才能借到下蛋鸡

钱对每个人来说都很重要。农民朋友不是不想赚钱,而是由于生存环境、生活背景等原因没有更多的生财之道,即使有了赚钱的机会,却往往因为自己没有足够的资金而抓不住机会。对于很多农民朋友来说,除了向亲朋好友借钱外,甚

第三章 借鸡生蛋，借钱赚钱

至不知道还能到哪里去借钱。其实，只要多了解、多尝试，也能掌握借钱的奥秘，也能去借个生金蛋的鸡。

（一）支农再贷款，"四两拨千斤"

支农再贷款是央行对各类农村金融机构发放的再贷款。中国人民银行从1999年开始发放支农再贷款，原来仅作为一个货币政策操作工具，旨在支持农村信用社改进支农信贷服务，壮大支农资金实力，促进"三农"经济持续快速发展。经过十多年的发展，其内涵与外延不断突破，逐步发展成为中国人民银行支持农村金融发展的重要工具。1999－2007年，中国人民银行共安排支农再贷款额度1288亿元，而2014年，中国人民银行就安排了2154亿元支农再贷款。有效利用支农再贷款可以促进农村经济发展，可以给农民创造更多的就业机会，增加农民收入。农民利用好支农再贷款可以解决农业发展资金不足的问题，也为发展经济作物提供了资金支持。

■ 故事再现

支农再贷款是只价廉蛋鸡

贵州关岭县断桥镇木城村村民孙大福从7月起，就特别忙碌，因为他种的提子成熟后，不少客商前来订购。"熟了就采，基本上不等。"孙大福常年种植西红柿、五星枇杷等经济农作物，积累了丰富的种植经验，是村里有名的致富带头人，也是"AAA"优秀级的信用农户。

2013年，断桥镇木城村被政府列为"四在农家·美丽乡村"建设示范村之一，提出打造"花河、竹海、葡萄沟"乡村旅游产业。孙大福抓住机遇，从广西引进了美国"温克"提子在木城村进行种植。"这边的气候、土壤都适宜提子生长，种植'温克'提子经济效益高，一亩可种植300余株，1株净利润50元左右。如果管理得好，一亩年利润可以达2万元以上。要产出效益，就需要扩大规模。"尽管有想法，但孙大福却迟迟没有行动。"主要是因为资金短缺。"当地信用社了解到这一情况后，主动联系孙大福，凭信用可以申请支农再贷款资金。于是，孙大福申请了30万元贷款，支农再贷款利率低于银行同期贷款利率，减轻了他的还款压力。目前孙大福的提子种植地面积已逾30亩，2014年收成不错，开始陆续挂果,净利润预计能达40万元。

■ **故事分析**

充分利用政府的优惠贷款政策

从上面的例子可以看出,孙大福有效利用了支农再贷款,为自己赚到了更多的钱。如果我们借不到不要利息或者比支农再贷款利息更低的钱的时候,通过到农村信用社借小额的信贷用来发展农业也是一种不错的选择,它的使用时间较长,利率相对较低,减轻了贷款农民的还款压力。因此,当我们想投资农业,而自己的钱又不够的时候,可以重点考虑使用支农再贷款来筹钱。

■ **实用妙招**

什么条件下可以获得支农再贷款的资金

支农再贷款的对象是具有法人资格的农村信用社或联社。支农再贷款集中用于发放农户贷款,重点支持农民从事种植业、养殖业的资金需求,以及农民从事农副产品出口加工业、储运业和住房与子女助学贷款等需求。而在新型农业产业化建设中起带头作用的农业企业法人、农业合作组织却不属于支农再贷款的支持范围。明白了以上规定,你就知道自己适不适合申请支农再贷款了。

(二)小额借贷和联保贷款

1.小额借贷。农户小额信用贷款是信用社以农户的信誉为保证,在核定的额度和期限内发放的小额信用贷款,采取"一次核定、随用随贷、余额控制、周转使用"的管理办法,按照核定的额度和期限向农户发放的不需担保的贷款。农户小额信用贷款是农户脱贫致富、奔向小康的好帮手。凡是符合申办条件又缺乏资金的农户,应充分利用国家的优惠政策,积极向当地农村信用合作社申请农户小额信用贷款。

2.联保贷款。农户联保贷款是指社区居民自愿组成联保小组,农村信用社对联保小组成员发放的、由联保小组成员相互承担连带保证责任的贷款。农户联保贷款实行"个人申请、多户联保、周转使用、责任连带、分期还款"的管理办法,是为解决农户贷款难、担保难而设立的一种贷款品种,由农户在自愿的基础上组成联保小组、彼此相互担保的贷款;它使用于除小额信用贷款、抵(质)押贷款以外的农户以及难以落实保证的贷款。农户联保贷款的基本原则是多户联保、总额控制和按期还款。加入联保小组的每个农户的最高贷款限额主要根据当地经济发展、当地居民收入和需求、农村信用社的资金供应等状况确定,并可根据还款情况进行调整,期限根据借款人生产经营活动的周期确定,最长不得超过3年。

■ **实用妙招**

农户如何获得小额借贷和联保贷款

1. 办理农户小额信用贷款的借款人的条件:(1)社区内的农户或个体经营户,具有完全民事行为能力;(2)信用观念强、资信状况良好;(3)从事土地耕作或其他符合国家产业政策的生产经营活动,并有可靠收入;(4)家庭成员中必须有具有劳动生产或经营管理能力的劳动力。

2. 农户小额信用贷款的资信评定及贷款额度确定程序:(1)农户向信用社提出贷款申请;(2)信贷人员调查农户生产资金需求和家庭经济收入情况,掌握借款人的信用条件,并提出初步意见;(3)由资信评定小组根据信贷人员及所在地社员代表或村民委员会提供的情况,确定贷款额度,核发贷款证,信用等级分为优秀、较好、一般三个档次;(4)确定贷款额度。农户信用等级原则上两年评定一次。

3. 农户小额信用贷款期限与利率的确定方式:农户小额信用贷款期限根据生产经营活动的周期确定,原则上不超过1年。因特大自然灾害而造成绝收的,可延期归还。农户小额信用贷款按中国人民银行公布的贷款基准利率和浮动幅度适当优惠。农户小额信用贷款的结息方式与一般贷款相同。

(三)助学贷款助发展

目前,助学贷款主要有两类,分别是国家助学贷款和生源地信用助学贷款。

1. 国家助学贷款是指由政府主导、财政贴息、财政和高校共同给予银行一定风险补偿金,银行、教育行政部门与高校共同操作的专门帮助高校贫困家庭学生的银行贷款。借款学生不需要办理贷款担保或抵押,但需要承诺按期还款,并承担相关法律责任。借款学生通过学校向银行申请贷款,用于弥补在校期间各项费用不足,毕业后分期偿还。公办全日制普通高校都应积极落实国家助学贷款政策,与合作的银行共同为高校贫困家庭学生办理国家助学贷款。另外,也有一部分民办普通高校开展了国家助学贷款工作,学生要注意学校招生简章或录取通知书中的相关说明。

2.生源地信用助学贷款是指国家开发银行等金融机构向符合条件的家庭经济困难的普通高校新生和在校生发放的,学生和家长(或其他法定监护人)向学生入学户籍所在县(市、区)的学生资助管理中心或金融机构申请办理的,帮助家庭经济困难学生支付在校学习期间所需的学费、住宿费的助学贷款。生源地信用助学贷款为信用贷款,不需要担保和抵押,学生和家长(或其他法定监护人)为共同借款人,共同承担还款责任。生源地信用助学贷款是国家助学贷款的重要组成部分。在农村,有许多贫困家庭的孩子在上大学时可能会遇到资金上的困难,这时你可以让你的小孩申请助学贷款,减轻家庭负担。

故事再现

助学贷款圆了孟小凤的大学梦

孟小凤来自豫北平原的贫困农家,出生8个月时,她母亲去世了;她父亲因长期劳累,患上严重的胃病;祖父母双双瘫痪。家庭贫困的孟小凤,9岁前只能趴在学校的窗外"偷听"老师讲课,上学后也是不断辍学打工。2011年,孟小凤被一所重点大学录取了,她接到了通知书,高兴过后就是忧愁,因为即使是把家里的耕牛卖掉也凑不齐开学报名时要交的费用,更别说四年大学生活的开销了。这时县里扶贫办得知孟小凤的情况后,鼓励她去读大学,县里有助学贷款惠民政策支持,帮助她了解贷款申请条件和办理程序,帮助她办理了助学贷款资格,并告诉她可以在就读大学期间申请国家助学贷款。孟小凤到校后,学院知道她的情况后,迅速为她争取了国家助学贷款。孟小凤说:"获得助学贷款后真有种绝处逢生的感觉。"四年后,她顺利地完成了学业。

第三章 借鸡生蛋，借钱赚钱

■ 故事分析

农村学生读大学要充分利用助学贷款

从上面这个例子可以看出，家庭贫困的学生申请助学贷款是明智的。申请助学贷款既有利于减轻家庭负担，也有利于减轻学生的思想压力，使学生顺利完成大学学业。

■ 实用妙招

学生申请助学贷款的程序

申请流程	生源地信用助学贷款	国家助学贷款
提出申请	准备齐全证明材料、邮储银行存折后，到县（市、区）教育局学生资助管理部门登记并领取申请表，借款人需将申请表填写完整并保证印章齐全。	由借款人向学校提出申请，填写申请表，学校对证明材料的真实性进行初审，并出具意见。贷款行不直接受理借款人的申请。
审核材料	借款人及共同借款人本人到登记领表的教育局学生资助管理部门，出具身份证明材料、申请表和邮储账号，工作人员对材料进行审查。	贷款行对申请资料进行调查核实，并审查学校是否已签署初审意见，贷款总量是否未超过相应助学贷款管理部门核定给该学校的贷款控制总量。
签订合同	借款人及共同借款人本人签订《国家开发银行生源地信用助学贷款借款合同》，签订借款合同时授权邮政储蓄银行从上述账户中扣收贷款本息。	贷款申请被批准后，学校根据经办银行提供的借款学生名册，在10个工作日内完成组织学生填写、签署借款合同及借据的工作，并提交经办银行。
发放贷款	根据合同约定，邮政储蓄银行将在合同约定日期发放贷款，并将贷款资金电汇至借款学生所在高校指定账户。	学费和住宿费贷款按学年（期）发放，直接划入学校账户；生活费贷款，根据合同约定定期划入借款人的活期储蓄账户。

续表

申请流程	生源地信用助学贷款	国家助学贷款
偿还贷款	借款学生毕业后,学生及其共同借款人负责按借款合同约定,按时在个人账户中存入足额资金;代理结算行根据区资助中心提供的扣款明细表,从学生个人账户扣收相应款项。	每年毕业离校60日前,学校会组织借款学生与经办银行办理还款确认手续,经办银行会派人上门服务,为借款学生讲解还款有关事宜,并解答借款学生的咨询。

(四)巧用信用卡,省息还赚钱

信用卡是一种非现金交易付款的方式,是简单的信贷服务。由银行或信用卡公司依照用户的信用度与财力发给持卡人,持卡人持信用卡消费时无须支付现金,待结账日时再行还款。除部分与金融卡结合的信用卡外,一般的信用卡与借记卡、提款卡不同,信用卡不会从用户的账户直接扣除资金。一般信用卡具有几个特点:信用卡具备透支功能,也就是说,信用卡里没有钱也能刷卡消费;通常不具有存款功能,发生溢缴款亦不计算利息;信用卡具有免息还款期限,透支消费后,在规定时间内还款是没有利息的,农民朋友可以充分利用这段免息时间,尤其是小额消费的时候,可以为我们赚钱节省成本,一般信用卡的免息还款期是50天左右,一般以当月结账后20~30日全额付款为条件,利息一般为按日单利计息,按月复利计息;信用卡具备循环信用,卡民可以根据自己的情况在到期还款前自己决定还款额的多少,一次或多次还款都可以。

下面我们来看一个小故事。

故事再现

信用卡帮大忙

小强是一名来自云南山村的普通农民,2010年高中毕业后,本应该老老实实一辈子与土地和庄稼打交道,可是他不甘心。他要创业,要混出和父辈不同的样子来。没技术、没学历、没背景,要想创业很艰难。他只能先选择在县城一家鲜花生产企业打工,每天工作十几个小时,工资也就1500多元,但是企业效益非

第三章 借鸡生蛋，借钱赚钱

常好，生产的花卉销往中部省份，于是他萌生了种植特色花卉的念头。他开始经常到网吧上网，查看别人创业种植特色鲜花的经历，分享他们的创业经验和心得。小强憧憬自己的未来，常常激动得彻夜难眠。

2013年8月，小强开始真枪实弹地干起来了。种植特色鲜花有两件法宝不可缺少，一是一定数量的农地，二是花卉种子等农资。他工作了几年只有1万元的定期存款，还有一个月就到期了，钱不够怎么办？他想来想去，最后鼓起勇气向父母开口借钱，小强父母非常支持，发动亲戚凑齐了15万元，但是仍有1万元的缺口，小强又舍不得定期存款的利息收入。就在这个困难时期，小强的初中老师告诉他："县供销合作社下属三农农资连锁有限公司联合县农信融资担保有限公司、中国银行在县里的支行推出专属农民的信用卡。该信用卡是一种向特定农户发行的限额信用卡，由农信担保公司根据三农公司汇总的农户申请总额向银行提供担保并支付担保金，再由银行向农户提供专门用于购买化肥、农药、农膜和种子时的刷卡消费。此外，还推出消费优惠政策。县三农农资连锁有限公司规定，首批办理信用卡的农户可凭借其第一个还款期内（9个月）的银行对账单前往三农公司领取前三个月的银行利息补贴，剩余月份的利息以银行规定利率为准，且免年费。同时，对于刷卡消费产生的担保费由三农农资连锁公司承担。"小强就办了张信用卡，用从卡上刷来的1万元钱加上已有的资金流转一部分土地，购买了部分花卉种子等生产资料，开启了他的创业之路。一个月之后用到期的定期存款偿还了信用卡刷卡费用，这下，他尝到了理财的甜头。

■ 故事分析

信用卡也能派上大用场

从上面这个故事可以看出，信用卡是只能下金蛋的"鸡"。小强的投资方式是极为正确的，小强能有效地利用银行信用卡，既减少了借钱的烦恼，又节约了成本，赚到了更多的钱。因此，农民朋友在选择投资的时候，应注意尽可能去使用一些低成本的资金，降低我们的投资风险，进而获取尽可能多的收益。

■ 实用妙招

使用信用卡的常识

一张小小的信用卡,在关键的时候也许能够帮上我们一个大忙。使用信用卡必须先了解一些相关的常识。

1.信用卡套现是违法行为。随着信用卡的普及,信用卡套现也成了一种现象。信用卡套现主要是通过POS机、P2P平台等方式来实现的。很多人不知道,信用卡套现是违法行为,并且存在很大风险:一是可能影响自己的信用卡额度,带来个人信用的不良记录。果树财富CEO吴复申对新快报记者表示,"要看投资者的交易频率和交易金额状况",一旦被银行认定为疑似恶意信用卡套现投资,那么这类不良记录有可能影响投资者未来的房贷、车贷等个人贷款业务,可能导致贷款利率水平更高甚至无法贷款。此外,银行对于用户使用信用卡连续大额套现或通过其他手段进行投资的行为,一般会选择适度降低信用卡额度的方式进行处理。二是信用卡偿还风险。业内人士表示,如果平台或者借款者有一方出现问题,资金无法按时归还,而投机者也没有足够的资金及时偿还信用卡的话,那么,除了要缴纳一定金额的滞纳金外,同时也不再享受免息还款的待遇,银行会自记账日起收取用户的透支利息。利用信用卡套现的金额越高,逾期的时间越长,投机者的损失就越大。三是法律风险。信用卡套现是违法行为,根据有关规定,恶意透支的将以信用卡诈骗罪定罪处罚。

2.理解记账日、账单日和免息还款期。记账日是指商户把客户的消费信息传送到银行入账的日期。账单日就是银行每个月给你打印对账单的日期,把你前一期所有的交易汇总。两个账单日期之间是一个周期(跟自然月不同)。比如说,中行的账单日是它的系统自动分配的,每个客户不一定一样,这个日期一旦生成,就不再更改;工行的账单日是固定的,就是每月的1日。到期还款日就是免息还款期限的最后一天,在这之前还款都免息,逾期就要加收利息和滞纳金了。这个日期每个银行规定又不一样。中行的还款日是账单日之后的第20天,而工行是固定的每月25日。免息还款期是指持卡人除现金和转账结算外的交易从银行记账日始至该期账单还款日止的这段时间。免息还款期根据各行规定有所不同,最短为账单日到最后还款日,最长为账单日次日到下月最后还款日。如账单日为1日,最后还款日为20日,则最短为20日,最长为50日。在此期

第三章 借鸡生蛋，借钱赚钱

间,你只要全额还清当期对账单上的本期应还金额,便不用支付任何非现金交易由银行代垫给商店资金的利息(注意:预借现金则不享受免息优惠)。

(五)民间借贷要走心

民间借贷是指居民个人、法人、其他组织之间及其相互之间,而非经金融监管部门批准设立的从事贷款业务的金融机构及其分支机构进行资金融通的行为。民间借贷作为一种资源丰富、操作简捷灵便的融资手段,在一定程度上缓解了银行信贷资金不足的矛盾,促进了经济的发展。农民群众之间互通有无,城市居民、个体户和私营中主要依托熟人的信用关系来控制信贷风险。民间借贷一直都很有市场。近年来,随着国家利率政策的调整以及受农户到银行贷款难的影响,民间借贷市场更趋活跃,呈现出借贷规模扩张化、借贷用途多样化的特点,对金融业的影响日渐加深。民间借贷可以为我们借钱提供方便,同时也可以为我们提供获取更高利息的机会。

■故事再现

合理借贷打赢养殖翻身仗

湖北安陆的黄富贵出生于普通农家,今年42岁,高中毕业后就出来打工。他干过工地活,开过饭店,开过理发店,做过煤矿工人。在打工路上他屡次不顺,但一件偶然的事情让他萌发了创业激情。黄富贵到安阳某地联系煤炭生意时,偶尔经过一家鹌鹑养殖户,看见面积不大的鹌鹑舍里,嘈嘈杂杂养殖了近1万羽鹌鹑,俯瞰那蛋栏,里面早已密密麻麻地堆叠了数不清楚的鹌鹑蛋。"据说,鹌鹑蛋可补气益血、强身健脑;鹌鹑肉也是许多人餐桌上的美味佳肴。父母年事已高,如果能养些鹌鹑,岂不是更好?"黄富贵默默地想着,经再三掂量过后,毅然买了5000羽鹌鹑雏儿回家了,并在老家承包了一块山地进行生态养殖。谁知,这股子孝心竟为他以后的创业路带来了新的机遇,那年,他家养的鹌鹑竟为他盈利上万元。黄富贵尝到甜头后,就投入全部的积蓄和赚来的钱,扩大了养殖规模。不曾想后来发生了一场瘟疫,养殖的鹌鹑全部死亡,前期投入的钱全部打水漂了。黄富贵心有不甘,想继续养殖鹌鹑,但是已身无分文了。因为他前期的投资化为乌有,所以难以在银行申请到贷款,于是他就通过民间借贷借了5万多元,当时利率是2分。通过精心养殖,黄富贵在年底就偿还了所有欠款,还扎扎实实地赚了一笔钱。

故事分析

民间借贷能生蛋

目前银行信贷在农村还不健全,而民间借贷相对于银行贷款具有灵活、简便、快速等优势。①灵活性:民间借贷是债权人和债务人之间的协议借款,没有一些银行内部条条框框的限制,只要双方认可,符合法律相关规定,就可以做。但为确保放款人的利益,必须做抵押、公证和担保。②简便性:流程简便,手续办理简单,需要提交的材料精简,不像银行那样需要提供太多材料。③快速性:这是民间借贷最大的魅力所在,由以上两个特性决定了民间借贷快速性的特性,如联手投资办理的民间借款业务,只要手续齐全,当天可以放款。民间信贷不失为一种借鸡生蛋的较好选择。因此,民间借贷越来越活跃。上面故事中的黄富贵充分利用别人的钱,不仅还清所有借款和利息,还赚了一把。不过,我们在进行民间贷款时也要注意利率变化、权益保障等细节,抓住利息高低变化规律,既要能挣钱,又要防止出现利益纠纷。

实用妙招

利用民间借贷要注意些什么

合理地利用民间借贷,能够为我们创造生财的机会。我们在进行民间借贷时,一定要注意以下几点:

1.订立书面协议。在现实生活中,民间借贷大多发生在亲戚朋友之间,由于关系比较密切,出于信任或者碍于情面,民间借贷关系往往是以口头协议的形式确定,无任何书面证据。或者是以"借据"的形式代表合同,一般来说,这也是可以的。但由于借据过于简单,如果发生纠纷,很难凭此处理。因此,借贷双方最好签订正式的借贷合同,详细确定当事人的权利义务,以免留下后患。当然,如果当事人之间确实没有书面借据或合同,但双方都承认借贷一事的,可以确认双方借贷关系存在。由此看来,借贷双方订立书面协议是大有必要的。借贷双方订立书面协议时,协议上应写有:出借人和借款人的姓名(以户口簿或者居民身份证为准);借款用途;借款金额(大小写一致);币种(人民币还是外币);借款时间和还款时间(标明某年某月某日);还款方式和违约责任,等等。如果是有利息的借款,协议上必须写清利率。书写借据时,要用稳定性能较好的碳素墨水,切忌用圆珠笔,以免时间长了字迹不清。为了保护出借人的合法权益,出借人必须注意妥善保存书面协议等证据,以便日后发生纠纷时有所凭据。

2. 利率不能超过法定范围。法律明确规定民间借贷的利率可适当高于银行贷款利率,但对民间借贷利率的规定,出现了"24％"和"36％"两个比例。"24％"即民间借贷的利率最高不得超过年利率24％,未超过年利率24％,出借人有权请求借款人按照约定的利率支付利息;"36％"即借贷双方约定的利率超过年利率36％,超过此限度的部分被称为"高利贷",超过部分的利息约定无效,不受法律保护。

3. 避免借贷关系无效。只有借贷关系合法才能得到法律的保护。如果明知借款人借款用于诈骗、贩毒、吸毒等非法活动,仍予以出借的,国家法律不予保护,出借人不仅得不到债权,还会受到民事、行政乃至刑事法律的制裁。若一方乘人之危,或用欺诈、胁迫等手段使对方违心借贷的,则属于无效民事法律行为,有责任的出借人只能收回本金。

4. 提供担保。对于数额较大或存有风险的借款,应履行担保和抵押手续,要求借款人提供具有一定经济实力的第三人为其担保。在借贷关系中,担保人仅起介绍作用的人,是不承担保证责任的。对债务的履行确有保证意思表示的,才认定为保证人,承担保证责任。借贷有保证人进行担保的,应在借款协议中明确并经保证人签字确认。或要求借款人以存单、债券、机动车、房产等个人财产作为抵押物,并都应订立书面借贷协议。有些财产抵押,还应到有关部门办理抵押物登记手续。这样,借款人一旦出现无法偿还债务的情况,可以向保证人追索借款或合法地以抵押物抵偿借款。

三、如何让借来的鸡下好蛋

当我们借到了钱之后,如何能让借到的钱赚更多的钱呢?这是大家最为关心的问题。关键的本领就是"生意经"和"投资技巧"。在进行投资前,我们必须分析投资项目的风险和收益,有效利用借来的钱,尽量降低其成本。同时,我们还必须认识到自己所具备的条件和优势,根据自身的优势来选择适合自己的投资,只有这样,才有可能使我们借来的"鸡"下更多的"金蛋"。

(一)确定借贷投资应进行成本—收益比较

大家都知道,随着经济发展、社会财富剧增,国内民间资本的规模逐渐扩大,再加上股市低迷、房地产市场处于持续调控状态中,大量的民间资本没有了合适的投资渠道,这导致了大量民间资本流入"地下钱庄"。另外,农户和农村个体经营者由于固定资金少、经营风险大、信用度低,一直以来难以从银行等正规金融机构获得贷款。这一切给民间借贷提供了市场,选择民间借贷的农户与个体经营者越来越多。民间借贷固然有很多好处,可是在办理时,借款人必须要多想想,多考虑一些细节问题。

■ 故事再现

张丽借钱发财记

张丽是湖南新化的一名普通农民,高中毕业后,因两分之差,她与大学失之交臂。18岁的张丽打起行囊,加入了浩浩荡荡的打工大军,跟随邻居,到了新疆帮别人种棉花、摘棉花。这样一干就是8年,凭着自己的辛苦劳动,她挣到了人生中的第一桶金。在张丽的骨子里,总有一颗不安分的心,她并不满足于为别人打工,"一定要自己做"的念头此时在张丽的脑海里越来越强烈。于是,她毅然返乡创业,回到家乡后,四处寻找创业项目,偶然得知家乡的大熊山被纳入国家重点生态功能区,成立了大熊山国家森林公园,并将最终实现跨越性发展,成为湖南省最热门的自然风光旅游目的地和国内著名景区。张丽心想,一旦大熊山森林公园得到大力开发,将成为对接湖南省长株潭城市群和大湘西武陵山片区的文化体验精品旅游线路的重要节点,大量游客的到来将产生巨大的文化消费,做工艺品销售将很有前途。正好这时大熊山森林公园管理区附近建设了一排二层商住两用门面,张丽准备租下一个门面。

当时租一个门面需要10万元的租金,但是张丽没有那么多的资金,她想到了民间借贷。她仔细比较了租赁成本、经营成本和经营收入,最终还是决定从民间借贷了3万元,开了一个专门销售本地特色工艺品的商店。一年后,大熊山森

第三章 借鸡生蛋，借钱赚钱

林公园的游客越来越多，由于当时她租赁的门面相对较为便宜，相比周边的工艺品店有成本优势，便于低于其他商店同类商品的价格出售，结果她的工艺品销售生意非常好，两年后就偿还了全部的借款和利息。

■ 故事分析

借鸡生蛋要考虑成本

从张丽借钱发财的故事可以看出，张丽是比较有投资眼光的。她及时抓住了利用民间借贷来投资的机会，考虑了投资的成本和收益，既节约了成本，又获得了较高的投资收益，使自己赚了比较多的钱。民间信贷在近些年发展比较迅速，它为农民朋友提供了资金来源。但是民间信贷也存在民间借贷成本，民间借贷可能不单单只有利息产生，很可能还会有其他的费用产生。除此以外，民间借贷利率高低都有，借款人应充分考虑是否能承受那些高利率，尤其是资金需求量大、借款期限较长、收益回收时间较长的投资项目，更要谨慎。因此，农民朋友如果是通过民间借贷借钱投资，应选择那些投资不大、成本回收较快的项目。

（二）选择投资项目要结合自身比较优势

人生奋斗的诀窍就是经营自己。经营自己的优势能给你的人生增值，经营自己的劣势必然使你的人生贬值。但是，很多人不知道自己的优势有哪些，在决定投资时，往往具有盲目性。盲目跟风的投资者多是被"快速致富""稳赚不赔"所迷惑了，而实际上，任何投资行为都存在一定风险，投资者只有在了解自己、了解市场的基础上做出适合自己的投资决策，才是对自己负责任的表现。因此，农民朋友在选择投资项目的时候，应首先了解自身的长处和短处，扬长避短，尽可能地选择自己具有比较优势的投资方向，而不是选择自己有劣势的投资方向。

■ 故事再现

杨春艳凭一技之长借鸡生蛋

杨春艳是来自湖南湘西的一名农家女。高考失败后，她跟随老乡去东莞打工,先在纺织厂当生产工人,后在服装店当营业员。2012年,她来到云南昆明打工,经人介绍,在一家茶庄当讲解员。经过几年的学习,她对茶叶的种类、用途、用法等相关知识十分了解,还拿到了国家三级评茶师证书,但她梦想有一天能自己创业当老板。2014年年初,积累一定资金后,杨春艳回到了家乡创业。

家乡的自然风光旖旎,建有多个风景名胜区,景区餐饮店不少,但是做茶庄的非常少,于是她就在风景名胜区入口区附近租了一个门面。开茶庄需要8万元投资,她的积蓄全部投进去还差3万元,她就通过支农再贷款和民间借贷凑齐了余下的3万元,将茶庄开起来了。为确保茶叶的质量,她亲自到云南等地去购买原料加工茶叶,进行精心包装后,再将产品拿到门市上架销售。有了自产自销的经营方式,再加上杨春艳熟稔的茶艺,产品销售非常好,时间一长,她的产品知名度不断提高,回头客也越来越多,茶庄生意十分红火。一年后,她还清了全部贷款和利息,还获得了非常丰厚的盈利。目前,她还解决了10名下岗人员的就业问题。

▍故事分析

借鸡生蛋还要量体裁衣

杨春艳靠经营茶庄挣钱的例子告诉我们,农民朋友在选择投资项目时,要充分认识自身的兴趣爱好、经历、拥有的资源和技能,善于发挥自己的长处,借此抓住适合自身比较优势的投资机会,才能发挥项目的核心竞争力,这样才能实现创业梦和致富梦。

(三)实施投资项目要考虑时效

贷款是按照时间计息的,因此,贷款投资要考虑投资项目的时间长短,考虑使用贷款的时间,这是提高经济效益的重要途径。例如,小额信贷制度是国家为实行"三农"政策所大力推广的重要制度,为农民提供金融服务,有效解决了农民贷款难、贷款贵的问题,对农村经济的发展具有重要的促进作用。由于小额信贷相对利率较低,科学合理地使用好小额信贷能够为我们带来收入。但是,小额信贷不仅有时间限制,还有利息支出,因此,投资时也要充分考虑贷款期限及其带来的利息成本。

第三章 借鸡生蛋，借钱赚钱

■ 故事再现

养猪、养蜜蜂还是养梅花鹿？

周大福、李琳夫妇之前已在外打工多年，在厂子里，靠着自己勤劳的双手和良好的品德赢得了老板和同事的称赞，收入虽然不高，但生活也还算滋润。2015年，由于母亲年岁已高，需要照顾，周大福夫妇不得不回到老家。身居大山，收入何来？这时，国家支持农民返乡创业，于是周大福夫妇打算投资养殖业，他们知道小额信贷后，争取到贷款，但接着面临三种投资方案：第一种是养殖蜜蜂；第二种是养殖梅花鹿；第三种是养殖生猪。周大福夫妇仔细权衡了三种投资方案后，考虑到养蜜蜂需要的技术含量相对较高，梅花鹿的管理维护成本相对较高，而养猪相对容易些，并且猪肉是城乡居民主要消费肉类，猪肉需求相对也要旺一些。这几年对于猪肉的食品安全问题始终没有从根本上解决，如果结合大山良好的生态资源，散养森林猪，不仅出栏周期短，而且可以打生态牌促销，周大福夫妇于是选择了养殖生猪。政府在开展冬春大培训"送科技下乡"活动中，为周大福夫妇的生猪养殖提供了很好的技术指导。他们家养殖的森林猪达到无毒素、无激素、无药物残留、无重金属的指标要求，肌间脂肪丰富均匀，富含高胶原蛋白，胆固醇含量低于牛羊肉的3%，维生素含量是牛羊肉的8倍以上，含有17种氨基酸、亚油酸，肌苷酸含量是饲料猪的3倍以上。到了2015年年底出栏后，由于森林猪肉绿色健康，口感能赢得消费者的欢迎，因此，他们不仅偿还了小额信贷本金和利息，还挣了10万多元。

■ 故事分析

借鸡生蛋要控制时间

上面的故事告诉我们，借鸡生蛋一定使用好别人的"鸡"，而且要尽早生出"蛋"来，否则，利息成本就会提高。周大福、李琳夫妇投资养殖森林猪是较为正确的，因为他们俩考虑了当地的生态优势和投资收益期限。投资养殖梅花鹿，收益回收期限要长于养猪，借款期限相对延长，相对而言，周大福、李琳夫妇将不得不支付更多的利息。

第四章
避免血本无归的理财三禁忌

农民朋友在追求财富的时候往往容易迷失方向,为了追求利益的最大化,会将自己置身于极大的风险之中,甚至"鸡飞蛋打","竹篮打水一场空"。社会上不少骗子就盯上农民朋友,利用部分农民渴望快速致富的贪婪心理,欺骗农民朋友。例如,传销团伙以"能迅速发财的买卖"将不少农民朋友骗入传销团伙,将农民朋友自己的以及亲戚的钱财榨干。不少农民朋友将斗地主、搓麻将、打字牌、买地下六合彩等看作致富的捷径,结果不仅输光了好不容易攒下的血汗钱,还闹得妻离子散。种种事例告诉我们,发财致富要走心,要充分考虑各种风险,应结合自己所拥有的资源、具备的知识和能力,通过制度化、规范化渠道获取财富,不可好高骛远,更不能将血汗钱浪费在赌博、传销等非法、消极的活动中。

一、不要等待天上掉馅饼

一谈到骗子,人们总是恨之入骨,然而,在生活中却还是让他们屡屡得手。有人说是因为骗子太聪明了。骗子固然有点聪明,但他们骗人的伎俩却不见得非常高明,只要稍加分析就可发现,大多数骗子制胜的绝招都是抓住了一些人期望不劳而获的心理。本来,世界上就没有不劳而获的事情,就如同天上不会掉下馅饼一样,但却总是有一些人期望奇迹会发生在自己身上,他们将之称为"上天对自己的恩赐",殊不知,这些"恩赐"很可能会使自己掉入陷阱。天下没有免费的午餐,只有通过辛勤劳动才能实现致富梦。

(一)彩票"中奖"需谨慎

现在,我国的彩票种类繁多,有刮刮乐、双色球、3D、地方福彩、35选7等。彩票的宣传力度不断加大,社会影响力和覆盖面也不断扩大,经常能发现媒体报

第四章 避免血本无归的理财三禁忌

道和彩票销售点宣传彩民中成百上千万大奖的故事。不少农民朋友做着中大奖的美梦,但是,能中大奖的概率很低,以中国福利彩票双色球为例,双色球的中奖概率约为1772万分之一。这是什么概念呢?打个比方,将一个茶杯放在陆家嘴绿地上,然后登上88层的上海金茂大厦,将一枚硬币抛下去,砸进杯子的可能性跟中双色球头奖的可能性应该差不多。因此,农民朋友应理性地面对各类彩票,如果口袋里有余钱,想为社会做点贡献,可以购买些体育彩票、福利彩票等,但要量力而行,切记不可做着中百万大奖的梦,没有节制地买彩票。想靠买彩票过日子,那样只会越陷越深。

■ 故事再现

老苟买彩票疯了头

老苟今年50岁左右,是一名广西山区村民。两年前当地福彩推出3D玩法。这种新玩法一下刺激了靠天吃饭的村民,之前买彩票的只是农村一些做买卖的有钱人,其他人也只是"偶尔买两张,凑凑热闹"。镇里的彩票销售点经常做各种中奖宣传,但自从传出同村的村民老黄中万元大奖的消息后,老苟开始加入了彩民队伍。

刚开始,老苟一次只购买几十元的,但连小奖都不中。老苟总结其他人中奖的经验,"买的多,中的机会就多。"于是老苟开始加大投注,每次都买几百元的,甚至有一次买了2000元的,偶尔也能中个几百元。不过在"拿中奖的钱买彩票更幸运"的"原理"下,老苟再一次用中的几百元换回数张彩票。

一年多下来,老苟发现家里辛辛苦苦积攒的积蓄已经被他买彩票挥霍一空。但老苟此时已经玩红眼,依然像赌徒坚信"给我钱挥霍一空,就能翻本"一样,不顾妻女的劝阻,将家中赖以生存的土地卖了出去,但买回的彩票很快又在老苟的手中变成了"纪念品"。

像许多农村妇女一样,老苟的妻子无力制止丈夫疯狂的举动,之后领着未成家的女儿到城市打工,不和老苟过了。但老苟并没有因为妻女的离开而有所改变,还是无所事事,依然每天去一趟彩票站,冬天骑自行车,夏天骑摩托车。但自从买彩票花光所有积蓄后,摩托车也成了他人之物。即使没钱买,他也要在彩票站里呆一段时间。

"你们帮问问,看谁想买我的房子。"老苟在彩票站问其他人。此前老苟在卖地之后,也想把房子卖了,但是一来房子太破,二来房子在山沟里边没有任何商业价值,所以他始终没有把房子卖出去。

故事分析

莫把买彩票作理财

从上面这个故事可以看出,老苟轻信各种宣传,带着赌徒心理去购买彩票,根本没有从家庭的实际需要出发,没有根据自身资金实力理性地购买彩票,结果自己辛苦挣的血汗钱被花得精光。农民朋友当听到各类彩票宣传时,不管彩票销售点是出于公益还是为了挣钱,都应理性看待彩票,切不可像例文中的老苟一样,疯狂地买彩票。

实用妙招

彩票的真面目

1. 中奖率低。所有种类的彩票的中奖率都很低,能够中奖的人是少之又少。所以,农民朋友在购买彩票投入上要有节制,要小买,不可巨额投注。彩票之所以给人刺激,给人美好的梦想,就是因为其以小博大,"2元买不了车买不了房,却可以买到拥有500万的机会",说的就是这个道理,如果将大量的时间和金钱耗在彩票上,那就变成以大博小了,风险大,很可能亏得倾家荡产。

2. 良好心态。彩票在为公益事业筹措大量资金的同时,也丰富了人们的业余生活。农民朋友购买彩票时应有健康的心态和精神状态,要记住,是我们玩彩票,而不是彩票玩我们。如果沉迷彩票不能自拔,让彩票成为自己每天生活中不可缺少的部分,甚至为了彩票茶饭不思,工作没心情,疯狂无节制地投注,完全成瘾了,那就成了彩票的奴隶,很可能最终酿成个人悲剧。

3. 真假李逵。彩票有公彩和私彩,私彩往往是非法的,比如地下六合彩,就是假冒香港的六合彩号码作招徕的赌博活动,即私人坐庄的私彩,在我国福建和广东尤为严重。私彩的投注金从几十至几千元不等,赔率更是视庄家的财势而定,也有很多私彩纯粹是诈骗金钱。地下六合彩不单是赌博问题,也涉及许多黑社会利益,千万别碰这种彩票。

4. 捐款性质。为公共事业发行的彩票,不是为老百姓发家致富而设立,而是为了吸引大家捐款而设立的。中奖是手段,诱引大家捐钱是目的。

(二)"钱变钱"骗你没商量

钱生钱是事实,但是钱变钱就是骗局。也许你经常听别人说某人被骗了,但一不小心,也许下一个被骗的就是你。现在骗子骗钱手法越来越多,也越来越高明,你想不到的,他们就想得到,让人防不胜防。怎样才能不上当受骗呢?那就切记不要贪婪。几乎所有行骗的人都是利用人性中"贪"字来行骗,而所有被骗的农民朋友都是因为贪图小利而上钩的,结果落得空欢喜一场。下面来看一个钱变钱的骗局。

故事再现

钱变钱的发财梦破了

刘某是贫困山区的一名普通农妇,2015年夏天的某一天,她在家里菜地种菜,有三名五六十岁的妇女前来向刘某问路,热心的刘某没有多想,一直耐心回答她们的问题。这时,其中一名女子跟刘某套起了近乎。一听都是贫困家庭,三名妇女就和刘某聊开了,这时候另一名女子还把自己遇到的"难处"说给刘某听。

这名女子告诉刘某,她们几个人没有钱回家,但是她有个在工地开挖掘机的哥哥之前挖到了一些金元宝,所以打算去县城邮局把这些东西寄回老家换钱。说着,还将刘某拉到一边,并从包里把金元宝、银元、佛像等东西拿给刘某看。刘某看后好心告诉她说这些可能不让寄。听刘某这样说,另一名女子出主意说,干脆将这些东西便宜点抵押给刘某,只要给每人2000元的回家路费就可以了,说这些价值2万多元,刘某卖了之后可以赚到1万多元。

刘某对三人的说辞深信不疑,当天下午5点21分,刘某与三名妇女一起出现在县城中国建设银行ATM机前。见前面有人排队,刘某便走回去找在一旁等候的三名妇女。过了两分钟,刘某急匆匆往银行门口走,原来,她说自己的不是建行的银行卡,担心取钱要扣手续费,想去银行窗口咨询一下。这时,一名穿绿色裤子的女子怕事情败露,慌忙跑来劝服刘某。见刘某执意要去,她只好陪刘某往银行走,其间还多次试图劝阻刘某,而两人虽然进了银行,但是在对方的一再劝说下,最终刘某还是放弃咨询又重新回到ATM机旁准备取钱。这时,两名女子在一旁等候,穿格子衬衫的女子守在ATM机前等刘某取钱。

当天刘某一共分三次取出了六千元钱,现场清点了一下后,刘某从银行出来与在门口等候的三名女子会合。在和其中一名女子一阵寒暄后,刘某一行四人就往马路对面走去。其间刘某将刚取的六千元钱递给了穿绿色裤子的女子,同时到附近一家商店里借了一支笔,刘某将自己的号码留给对方,却没有将对方的联系方式记下。当天下午5点34分,已经完全放松警惕的刘某与其中一名女子手挽着手出现在县城客运站,另外两名女子紧随其后。临走前,刘某甚至把自己身上仅有的两百元也给了对方。晚上回家后,刘某将事情告诉了隔壁的老王,老王仔细一看,发现"金元宝"是假货。

故事分析

理财不是游戏

从上面的故事可以看出,"理财"不是"天上掉馅饼",成功的理财需要付出劳动和辛勤的汗水。贪欲是理财的大忌,如果我们的心智被贪欲控制了,就极容易掉入圈套,使自己辛苦挣来的钱全部打水漂,一丁点儿也不剩。"世上没有免费的午餐",我们只有辛勤地劳动,提升自己的理财本领,才能获取更多的财富。

实用妙招

理财时如何防止被骗

1. 小心陌生人。我们一定不要相信陌生人说的钱变钱的话,如在外面突然有陌生人主动上前与我们搭讪,并很"热情"地向你递香烟或者酒水时,我们可要提高警惕,不要随便享用。同时,不要轻易拿陌生人递过来的东西,以免遭受不必要的损失。社会上曾发生过多起公众场合麻醉抢劫事件。

2. 小心传销。传销是指组织者或者经营者发展人员,通过对被发展人员以其直接或者间接发展的人员数量或者销售业绩为依据计算和给付报酬,或者要求被发展人员以交纳一定费用为条件取得加入资格等方式牟取非法利益,扰乱经济秩序,影响社会稳定的行为。一些传销分子借着"纯资本运作"、消费返利为诱饵,以投资原始股、基金等形式,通过同乡、亲戚等社会关系,采用限制人身自由甚至绑架、上课洗脑等手段,诱骗农民朋友加入传销组织。特别是现在一些经过包装的新型传销模式,比如以养老保险返利为名的传销模式等,悄然在各地兴起。由于新型传销花样百出,蛊惑性、迷惑性强,故导致不少人上当受骗。

3.小心圈套。比如,在农村的菜市场里,有时会见到一伙人在玩"抽奖返现"的游戏,不知内情的人以为他们不相识,实际上,这伙人中除了摊主,还有人专作托儿。当有人走近时,摊主就会吆喝:"免费抽奖,直接返现,幸运的还能押金翻番!"然后设计让来人第一次抽签就中奖,接着摊主和身边的托儿就会不断怂恿来人不断下注,最后不知不觉中就会让来人身上的钱全部打水漂。

(三)"大奖"骗局诱你钻

中"大奖"对部分农民朋友来说是极具诱惑力的。许多农民朋友总是在期待某个慷慨的人,平白无故地送给他们一些东西,但往往忽视了这一现象的背后很可能就是一个圈套。"短信中奖"和"QQ短信中奖"就是这样做的。我们也许会经常收到中奖短信,提醒我们中奖了,为了领取奖品,我们会被要求按照短信提示拨打客服电话详细咨询。等我们拨打客服电话咨询如何领取大奖后,对方却要求我们追加10%的个人所得税,有数千元不等,或者是支付高昂的手续费或邮寄费。当我们按照对方要求汇款后,这些行骗者就消失了,电话也打不通了。

故事再现

大奖梦醒

贾某,今年62岁,是江苏省扬中市的一个农民,其子女常年在外打工,对他很孝顺,给他买了一部智能手机,闲暇时便于贾某上网看看新闻,打发时间。

2015年11月18日,贾某收到一条短信,短信称他的客户账户已满10000积分,可兑换5%现金,及时登录手机网可查询兑换。10000积分兑换500元,银行这样"回馈"客户感觉就像天上掉现金!于是贾某便心动了,他点击短信中的链接后，手机便跳转到了一个网银界面，显示的是"工行手机网"。有工商银行的标志，积分兑换规则又写得很正规，应该不会有假吧？于是，贾某进一步走入了骗子的圈套，登录了所谓的"手机银行"，结果不仅没有用积分换来现金，连自己银行卡里的5000元钱也被转走！

贾某感觉不对劲，赶紧去县里工商银行询问。银行客户经理说，工商银行没有发送兑换工行积分的短信。她认为贾某肯定是收到95588兑换工行积分诈骗短信，点击钓鱼网站链接操作后被骗走了钱。

■ 故事分析

理财不要寄望于中大奖

贾某短信中奖的故事告诉我们，不付出辛苦的劳动去理财，试图依靠"中奖"之类的途径去发财，是理财的大忌。贾某缺乏最起码的安全意识，只想走捷径发横财，结果遇到"短信诈骗"后，被骗了好几千元。在科技高度发达的今天，由于网络交易具有不可实地目测商品、不能当面验货等诸多不利因素，加之网络诈骗成本低、回报高等特点，积分兑换诈骗、冒充客服/网购异常诈骗、网络兼职诈骗、网络二手交易诈骗、冒充老板/熟人诈骗、虚假微信公众号诈骗、二维码购物单诈骗等形式的网络诈骗案层出不穷，总有农民朋友上当受骗。但是，只要农民朋友提高警惕，增强防范意识，相信"世界上没有不劳而获的好事"，还是能够规避这样的诈骗陷阱，避免无谓的损失的。

■ 实用妙招

怎样识别和防范诈骗

第一，要保护好自己的隐私，不要随意泄露自己的真实名字、身份证号码、家庭详细地址、电话号码和银行卡号。

第二，凡是关于中大奖的手机短信、微信或者QQ信息一概不予理睬。总之记住一句话，无论什么情况下，只要牵涉钱的，都必须提高警惕。

第三，接到诈骗电话后，一定要先冷静下来，接着拨打电话确认是否是自己

第四章 避免血本无归的理财三禁忌

认识的人,以防犯罪分子盗取朋友的号码进行诈骗。如果接到借钱的电话,且电话号码不是朋友通常用的手机号,要提高警觉,要问清楚借钱目的以及为何换号,再闲聊一些话,以辨别对方究竟是不是自己的朋友,挂完电话后要拨打朋友的真实电话核实。

第四,遇到钱被骗子骗走的情况要先向公安部门报案,再尽快收集各种证据,比如聊天记录、通话录音、相貌截取、汇款凭证、对方的联系资料等,交由警方处理。

二、切忌沉溺于赌博深陷泥潭

因城镇化拆迁、外出务工等富裕起来的农民越来越多,在腰包鼓起来的同时,有些人不太适应这种物质上的富裕生活。有少数农民禁不住诱惑,攥着大把"闲钱"没地方花,沉迷上了赌博,幻想着赌博致富,却始终不能领悟"十赌九输""久赌必输"的道理。与此同时,一些社会闲散人员利用这种畸形需求,在农村组织起赌博。虽然看似你情我愿的赌博,但在不经意间却套取着农民的辛苦钱、拆迁费。有些农民朋友就在赌博这条不归路上越陷越深,有的为此倾家荡产,甚至走上犯罪道路。

(一)无本买卖雪上加霜

无钱或缺钱,不只是中国农村人的尴尬记忆,也是城市底层家庭的常态。无钱不是可怕的问题,可怕的是无钱还想赌博、还要赌博。赌瘾大的人,一天不赌就手痒,一看到别人赌博就眼热。特别是一些没有钱却有赌瘾的人,很想通过赌博发财止痒,一举多得。于是有些人借钱赌博,变卖家产赌博,有时甚至借高利贷去赌,使得倾家荡产,妻离子散。殊不知,沉迷于赌博最终是不会落个好结局的,无钱赌博更是雪上加霜。

■ **故事再现**

赌博输了钱也输了家庭

王某是湖南永州的乡村医生,家里有对双胞胎儿子。王某行医,收入不错,王某妻子肖某在家照看两个孩子,一家人幸福和美。这几年,"六合彩"、推筒子等赌博在当地盛行。肖某在家除了照顾两个孩子外,无所事事,百无聊赖之下自恃有点小聪明,忍不住手痒,便挽袖而上了。刚开始肖某还赢了点钱,但这钱来得太容易,她收不了手,慢慢地迷上了赌博。刚开始肖某还一边赌博一边照看孩子,后来她赌得越来越上瘾,把全部精力投入赌博上,不仅把照顾孩子的事情抛到了九霄云外,还越赌越糟,不但赢来的钱全输了,家里的钱也输光了。越想翻本,输得越多,最后她还欠下场子五六十万的高利贷。

为了肖某赌博这事,夫妻俩经常吵吵闹闹的。2015年7月的一天,王某跟往常一样行医回家后,在家料理家务给小孩做饭,吃完午饭后,充满抱怨地来到镇集市场上的赌馆里,劝说正在赌博的妻子,但她无动于衷,痴赌于其中。王某见妻子不听劝,心想他一生都没为钱弯过腰,平时性情又刚烈,结果却栽在这事上,哪受得了这个污辱! 于是他服毒自杀了。家人慌乱之中,前前后后喊起村子里的人帮忙,把他弄到车上,送到20里外的大医院去。快到医院时,他全身抽搐,一小会儿人就没了。

故事分析

赌博发家不靠谱

从上面这个例子可以看出,肖某铤而走险去借高利贷,不是为了家庭的幸福,而是为了赌博,不仅没有很好地协助当医生的丈夫去照顾家庭,还把家里搞得鸡犬不宁,甚至家破人亡。这个例子给了我们启示,发家致富要走正道、从正业,走歪道、捞偏门、挣快钱是不可为的。

实用妙招

哪些情况下要远离高利贷

1. 打牌赌博要远离高利贷。十赌九输,打牌赌博浪费时间,更危险的是借高利贷去赌博,高利贷不仅利滚利带来可怕的巨额欠债,骚扰恐吓的追债也是极其可恶。因此,农民朋友还是远离赌博,远离高利贷。

2. 农业生产要远离高利贷。在农村,不管是种植,还是养殖,都是比较艰苦的工作。目前,农业投资的效益总体来说是比较低的,不可能有太高回报,大多数是微利,如果遇到异常的自然灾害,有时还会亏本。而高利贷的典型特征是利率畸高,非普通人正常的生产、生活所能承受,更不是农业和农民朋友能够承受的。农民朋友缺钱了可以申请小额贷款、支农再贷款等。

3. 为孩子筹学费要远离高利贷。为孩子筹学费遇到困难,可找政府相关部门和银行申请助学贷款,千万绕开高利贷这个万丈深渊。

4. 除非生死攸关,或的确急需用钱,且无任何其他可借的途径,否则一切必须借钱的事都要远离高利贷。

(二)千金散尽终不复来

赌博与娱乐只是一个度的问题,但是一些娱乐容易中毒,一旦有了赌瘾,就会毁坏家庭,使家庭的财务状况发生危机。在农村,当前有一些人天天都想天上掉馅饼,一下子成为富人,不想通过辛勤劳动致富。而且,期望在短暂的时间内实现发财梦的人还不少。赌博的人就属这一类型,许多家庭为此背上了沉重的债务,甚至妻离子散,家破人亡。

故事再现

散了钱财走了妻

秦汪是六安市中店乡的村民,高中毕业回乡后务农,流转耕地种樱桃挣了不少钱,成为远近闻名的种植大户。这几年,村里流行打麻将、推牌九、炸金花,过去判断村里的年轻人谁有本事谁没本事,就看谁勤快、农活做得好,或者是念书有出息了,而现在很多年轻人纷纷外出打工挣钱后,有些人却互相攀比房子、车子,因此,牌桌上的"票子"成为有没有挣到钱的最直观"证据"。秦汪得空时也玩玩,一开始赌注还和平常一样小,没想到后来赌注越来越大,翻了10倍。他实在心疼,只好继续玩下去指望翻本,但却越输越多,越输越想赢回来,结果越来越沉迷赌博。在赌桌上挥霍了血汗钱和时间,在樱桃种植上花的时间就越来越少。2015年,樱桃的收成很差,甚至将近亏损了5万多元,而秦汪在赌博方面不仅没有收手,甚至将家里打算给父母贴补家用的2万元也在几场牌局中输光了。秦汪的妻子看在眼里十分难受,好几次劝丈夫,可是丈夫依然如故,还训斥她不懂

"宁可输钱不能丢人"的道理。秦汪的妻子伤心绝望,就离家出走,带着孩子到东莞打工了。秦汪依然不知悔改,越赌越深,最后把樱桃种植园输掉了,甚至欠了一屁股的债,不得不四处躲藏。乡里乡亲总结:赌博让秦汪荒了田、跑了妻、散了财。

故事分析

赌博与理财势不两立

赌博可以赢钱,与钱生钱相似,但是,赌博与理财势不两立。从上面这个故事可以看出,秦汪迷上赌博主要是因为抱有投机心态,总是怀着一夜暴富的心理,经不住诱惑和欺骗,误把赌博当作发财致富的捷径。赌博害人的例子比比皆是,想必大家早已知道。赌博害处主要有以下六点:一是伤身体,赢了还想再赌,不分昼夜,输了拼命再来,不顾饥寒,长此以往,身体和精神都疲惫,以致诸如腰椎病、颈椎病、心血管疾病、胃炎等各种疾病缠身;二是生贪欲,赌博助长不劳而获的习气,久而久之会使人们的人生观、价值观发生扭曲;三是坏心术,一旦上瘾,心中千方百计想赢钱,即使是亲朋好友对局,也必定暗藏杀机,如同仇敌;四是丧品行,赌博只问钱多钱少,易产生好逸恶劳、尔虞我诈、投机取巧等不良心理品质;五是离亲情,整天沉溺于赌博,忘记工作、忘记家庭,开始赌博的时候,气势豪壮,这时候挥金如土而面不改色,到后来输多了却情急,就把之前辛苦挣来的财富作为赌注,结果输得精光,甚至连房屋都卖完了,赌债还是没偿清,以致家庭破裂、妻离子散;六是违法令,法律禁止赌博,赌博不仅让人在道德上沦陷,更会受到法律的制裁。

实用妙招

如何戒除赌博

赌博是一种习惯性行为,戒除赌博是一件很不容易的事情。戒除赌博,必须从以下几个方面入手。

1. 避免到任何赌博场合,把时间用在比较有意义的活动上,培养跳舞、唱歌、打球、钓鱼等其他可替代赌博的嗜好,努力打消赌博的念头。

2. 给自己或家人定一个限额——要求无论正在赢钱或输钱,只要赌款达到所定的限额,便立即停止赌博。

3. 限制现金的供应,如规定从银行提款的限额,对手头的现金进行适当分配,不留下过多的钱进行赌博活动。

4. 控制精神压力,丰富业余生活,定时做运动(如缓步跑)及学习松弛的技巧(如冥想),或进行休闲活动(如听音乐、看电影、与朋友逛街),借此舒缓紧张的情绪。

5. 养成记录的习惯。写日记可帮助我们了解自己的赌博行为,找出赌博的倾向和模式并进行反省。例如,我们可能发现,每当我们感到苦闷或失落、手上持有现金,或当我们需要用钱时,便会赌博。这些记录可以帮助我们找出抑制赌博的有效方法。

6. 多与他人交流,倾谈自己的赌博问题,倘若想找人但又不习惯面对面或不愿向自己认识的人倾诉,可以通过电话,向心理医生和社会学家倾诉自己的感受,或商讨赌博问题。

7. 对赌迷心窍、不思悔改的家人,亲友可向执法部门举报,通过治安、刑事处罚促其警醒或强制戒赌,这也不失为拯救家庭、维护亲情的弥补性措施。

8. 结交良友远离损友,为自己构造一个尽量没有赌局的环境。

(三)假冒六合"采"金人空

六合彩是香港地区唯一的合法彩票,是少数获香港特别行政区政府准许合法进行的赌博之一。为加强打击民间的字花赌博,并防止赌博资金流向黑社会等非法集团,香港特别行政区政府从1975年起开售乐透式彩票,取代原先的马票。负责开彩的是法定机构香港奖券管理局,由香港赛马会以"香港马会奖券有限公司"的名义代理接受投注。投注彩池除用作派彩外,余额拨交社会福利署奖券基金用作慈善用途。最初的彩票是14选6,每周搅珠开彩。为迎合大众"以小博大"的心理,1976年大幅增加中彩难度及派彩,改变开彩方法为36选6(及一个特别号码),正式名为"六合彩",并将开彩次数增加为每星期2次(最近更增加至每星期3次)。之后为维持派彩数额及增加中奖难度,曾多次增加选择数目。正如其他赌博模式一样,六合彩的中彩回报必定远低于其成本。

香港特别行政区政府和香港赛马会从来没有在香港以外地区开设六合彩投

注业务,亦没有委托任何人或组织进行相关业务。因此,我国内地所有以"香港六合彩"、"香港赛马会"、"香港马会"或类似名目进行的六合彩活动,均为假冒。另外,香港赛马会的官方网站我国内地公民是不能登入的,因此,在中国内地可以直接登入的六合彩网站,均属假冒网站。内地的假冒六合彩加进了不少香港六合彩所没有的成分,例如以生肖预测开彩结果,事实上是中国古老赌博方式"字花"的翻版。其他的我国内地假冒六合彩常用手法还包括声称有内幕消息,假冒香港赛马会名义出版各种传单、小册子、报纸,或提供虚假的香港电话号码,声称有咨询服务等。我国内地的假冒六合彩常见的招揽方式包括发送手机短信、散发传单等,网上还有大量虚假的"六合彩"网站,有的甚至贴出不存在的"委托证书",或同时附上戒赌热线等伪装正式网站,以增强说服力。然而,正式的香港赛马会在香港唯一进行的宣传是介绍六合彩投注如何用于慈善用途,绝不会以任何方式主动招揽民众投注。由于假冒六合彩没有接受政府的规管,因此投注资金会流向背后操纵的非法集团。

由于假冒六合彩危害性较大,骗人钱财、害人害己、祸国殃民。党和政府对打击地下"六合彩"的态度和决心非常坚定,保持高压态势,坚决防止地下"六合彩"的蔓延泛滥。但仍有些农民经不起诱惑,沉溺于其中不能自拔,结果必然是"赔了夫人又折兵"。

■ 故事再现

买"六合彩",流悔恨泪

老高是沈阳东陵的一位普通农民,家里原有4亩地,种一些大豆,农闲时就去县城打工,在建筑工地做泥工,妻子就在县城餐饮店做清洁工,每年也有2万左右的收入。老高的两个小孩大学毕业后在南方工作,每年孝敬老人1万多元,这些收入足够老高老两口养老了。

2014年的一天,老高去镇里走亲戚,一个朋友给他介绍了"六合彩",老高闲来无聊,就买了几个,一开始还挣了点小钱,于是,老高就8块、10块地买起来了,后来是300元、500元的买,再后来就是2000元、3000元的买,一点点越买越多,就买上瘾了,老高将在外打工挣的10万多元都输光了。买"彩"时,老高基本都是通过电话押钱,很少和庄家见面。2015年,当地修高速公路,老高家的耕地

第四章 避免血本无归的理财三禁忌

和宅基地都被征收了,他得到了65万元补偿款,结果他将这些补偿款也买了"六合彩",甚至借来的5万高利贷都输光了,天天被人追着要债,老高只能到处躲债。老高妻子受不了这种颠簸的生活,和老高吵了一架,并和老高离婚,投奔南方的子女去了。谈及"六合彩",老高现在懊悔不已。

■ **故事分析**

假冒六合彩置人死地

从上面例子可以看出,那些想通过捷径去赚大钱的人,结果适得其反,走向了愿望的反面,跌进了冰窟窿。购买假冒六合彩使人倾家荡产,甚至走上犯罪的道路的例子比比皆是。它不会让我们真正富裕起来,相反,只会使参与的人越陷越深,把自己辛苦赚来的钱输掉。真正赚钱的是那些庄家和开单的人,因此,我们要摆脱侥幸心理,不要想着通过购买"六合彩"来赚大钱。我们只有靠辛勤劳动,靠努力合法经营,兜里的钱才会真正鼓起来,越来越多。

■ **实用妙招**

认清"六合彩"的危害性

1. 破坏生活秩序。假冒六合彩的欺骗性给码民个人及其家庭带来了巨大的经济损失。庄家中有的能赚一百多万元,码民中有的能亏十多万元。许多家庭不惜将本来用于生产和生活,甚至孩子上学的费用用于买地下"六合彩",最后导致倾家荡产,背上沉重的债务。与此同时,很多码民以买地下"六合彩"作为自己发财致富的途径,整天沉迷于码书、码报中不可自拔,所思所想之事也是地下"六合彩"。一旦买中,就欣喜若狂;若没有买中,就唉声叹气,神情沮丧,茶饭不思。医务工作者研究表明,"六合彩"还能诱发精神障碍,出现幻觉、妄想及思维障碍等病状。

2. 破坏生产秩序。在假冒六合彩活动比较严重的地方,工人不再生产,农民不再劳作,加上群众的生产、经营资金被卷走,部分群众的正常收入被掏空,导致地方上的生产减缓或停滞,群众的购买力下降,市场疲软,严重制约着当地经济的发展。

3. 破坏金融秩序。地方上的金融行业也曾遭受到地下"六合彩"的严重打击,很多的基层银行和信用社的存款与上年同比大幅下降,银信部门存款出现异常,造成金融危机。由于赔率远远大于赢率,绝大部分码民蒙受经济损失后,为了筹集资金继续参赌,便千方百计地四处借钱,也催生了大量针对码民的民间借贷机构。它们收取每日1‰到2‰的高利息,向缺少资金的码民提供资金支持。同时,由于许多人将准备用于归还银信部门贷款的资金都用于买码,导致其贷款本息无法按期归还,银信部门的不良贷款也急剧增加。

4. 破坏社会稳定。假冒六合彩同时引起违法犯罪活动增多,严重危害了社会治安。一些码民因沉迷于地下"六合彩"而败尽家产,债台高筑,为了还债而不惜铤而走险,走上了斗殴、偷窃、敲诈、抢劫甚至杀人放火的违法犯罪的道路,威胁到了人们的生命财产安全和社会稳定。

三、谨防面子借钱有去无回

在农村一些地方,亲戚朋友之间借钱随意性强,没有借贷手续或借贷手续过于简单,或者是出借人碍于面子没让借款人出具借条,特别是小额借款,这样存在一定的风险。借钱人如果信誉差,或者是经济状况差影响到生活,很有可能就不能按双方约定的时间还款。等到出借人去找借款人讨债,就成了"欠钱的是大爷,借钱的是孙子"。由此可见,农民朋友在借款时,一定要权衡利弊,要了解对方的固定资产、经济收入等情况,看是否有能力偿还债务;不要顾及人情、关系等因素,一定要让借款人当面写清合同或借据,并写明借款人、借款金额、用途、利率和还款时间等内容,签字画押,双方各执一份,妥善保存;对于比较大的款项,为了保险起见,最好由借款人找有一定经济实力的担保人或担保单位,必要时还可以让借款人以存单、债券、机动车、房产等个人财产作抵押,并完善担保或抵押手续,避免借出去的钱肉包子打狗——有去无回。

(一)借钱不能顾面子

讲义气、顾面子是很多农村朋友纯朴、重情义的表现,但这种讲究也要适时、适度,太过分的讲义气和顾全颜面会把自己推向尴尬的境地。别人一旦了解你好面子的本性,就知道你一般不会拒绝借钱的请求。很多人轻易把自己的钱借给别人,或者是自己没钱还要去帮所谓的朋友作担保,一旦借钱人违约,吃亏的就是自己。很多人在借钱的时候好话连篇,甚至还有许多保证,一旦钱借到手里就不守信用,把还钱的日期忘得一干二净。因此,在生活中,我们时常要为自己设一道防线,暂时把面子放在一边,除非是自己特别了解和信得过的人,不然一定要慎重考虑。

故事再现

刘大翼借钱兄弟翻脸

刘大翼是陕西礼泉县人,初中毕业后在一大型葡萄种植园做小工,由于人勤快又好学,很快学会了葡萄种植技术。刘大翼不甘心做一辈子小工,于是回家承包了一块地种植葡萄,由于有一定的种植技术,人又勤快,种出的葡萄质量好、销售快,没几年就攒了10万元积蓄,娶了妻、生了子,日子过得挺滋润的。

前不久,刘大翼老婆的弟弟陈小利找上门来,要借钱。原来,陈小利2010年大学毕业,现在咸阳一家企业上班,2013年谈恋爱了,女孩是镇上另外一个村子里的,在西安上班,比他还大几个月,两人感情还不错,说到了结婚的事情。女方要求在西安买一套房子,另外还要给近10万元的彩礼,还要买一辆车。陈小利父母都是农民,家里收入以卖苹果为主。以他们家果园每年的收入,除去成本等,利润也就两三万元。在西安买一套房子,交首付得十几万,再加上10万元的彩礼,还有一辆车,估计在30万元,远远超过了陈小利现有的积蓄,因此他向刘大翼借钱。刘大翼考虑到是妻弟,面子拉不下,还是借了10万元,但和陈小利约好,只借2年,2015年12月底前还清全部借款。因为刘大翼准备在2015年底在县城买房,便于小孩读小学。陈小利答应了。

2015年年底,刘大翼要陈小利还款,陈小利说,现在经济不景气,他又被企业裁员了,没有那么多的钱去还款,只能还2万,而这2万远远不够刘大翼在县城买房。刘大翼很生气,认为妻弟不讲信用,陈小利也很生气,认为姐夫不能在他现在生活困顿的时候来逼他还款,结果双方吵起来了,弄得很不愉快。

故事分析

借钱给别人要慎重

借钱给别人是做好事,但要看情况,多思量,借钱不当,好事也会变成坏事,甚至出现很多纠纷,既伤和气,又伤财。刘大翼碍于面子把钱借给陈小利,没有充分考虑陈小利的还款能力,当刘大翼要陈小利还钱时就难免发生争执。

实用妙招

别人找我借钱怎么办

1. 不要太重面子。谁家都可能有点事急需要用钱,所以当亲友或朋友遇到困难时,伸出我们的援助之手也是应该的。但是,一定要量力而为,不能因为拉不下面子而留下隐患,使自己遭受损失。

2. 充分了解对方。在借钱给别人前,一定要充分了解对方的借钱用途,了解对方的个人诚信、收入来源和还款能力。要和对方约定还款期限,借钱也要有限度。

3. 保留相关证据。最好通过书面借条的形式固定和保存证据,要注意及时收集手机短信等其他证据,以维护自己的合法权益。

(二)助人为乐有底线

农民朋友天性平和、友爱,乐善好施,喜欢助人为乐。助人为乐是以己之力,助人之难,尽力为之,这是一种优良的传统美德。但助人为乐并非逞强,逞强帮忙会让你从帮忙者变成被帮忙者,莫名为自己生活加重经济和感情负担。当我们在借给别人钱的时候,一定要准确了解对方借钱的目的和自己的承受能力,了解借钱的人有没有偿还能力。在农村,有些人借钱是为了娱乐、赌博,如果是这样的话,我们一定要学会拒绝。总之,我们应当明白哪些情况该借钱,哪些情况不该借钱,只有这样才能使我们的助人为乐具有意义和社会价值。

第四章 避免血本无归的理财三禁忌

■ 故事再现

小吴好心助人惹麻烦

都说远亲不如近邻,可是有时邻居也可能帮倒忙。吴青山来自广西防城一个农民家庭。2003年,小吴职高毕业后,他父亲拿出下苦力攒的15万元钱,又从亲戚家借了钱,都给小吴创业。小吴办了一个养猪场,经过一年努力,饲养了猪崽200多头,母猪20头,母猪全都怀孕,并下了猪崽。2015年,他的养猪场生猪出栏1300多头,不仅收回成本,还有盈利。隔壁小王听闻他养猪效益好、挣了钱,就跑来借钱,声称自己没有钱用了,想找小吴借2500元过生日。小吴见是邻居,低头不见抬头见,便借了2500元。没想到,两天后,小王的母亲杨大婶找上门来,向小吴要人,原来小王拿了钱后去县城一个宾馆买了毒品,结果被守在宾馆附近的民警抓获。小吴明白事情原委后,解释说是小王声称过生日要借钱,他才借的,但是杨大婶不理不饶,认为周边邻居都知道她儿子有吸毒前科,而且她儿子信誉不好,经常借钱不还的,就是小吴给她儿子钱才会出事的,所以要小吴赔偿。

■ 故事分析

做好事要小心帮倒忙

尽管现代社会是一个和谐社会,需要大家相互帮助,亲朋好友、邻里相亲都需要相互信任和帮助,但是帮助他人应有底线思维,否则很可能适得其反。我们在借钱给亲朋好友或邻居的时候也必须要设底线,不要不问原委就轻易把钱借出去。同时,在借大额的钱给别人的时候,更要考虑对方的信誉和还钱能力,否则很有可能使自己的钱打水漂。因此,当别人借钱用在一些不好的方面时,或者是借钱的人信誉不好的时候,我们一定要学会拒绝!

实用妙招

如何设定助人为乐的底线

首先是做人的底线：不骗人、不害人、不欺人、不愚弄人。规规矩矩做事，堂堂正正做人。

其次是心地善良的底线：防范心狠手辣的人，没有必要善待恶人。

再次是助人为乐的底线：一是不求有功但求无害。救人之急能善结良缘，救人于危难不仅体现英雄气概，也为自己遇到危难时多找个援手，但不能学"农夫救蛇"害了自家性命。二是不谋回报但求无损。我们把钱借给别人使用，帮助了别人就是帮助了自己的将来。但有些人借了你的钱不能还、不想还，你可以当作一次乐善积德，毕竟损失的只是钱而已。有些人借钱是为了干一些有损国家、集体和他人利益的坏事，一定不要把钱借给这种人。三是不宜锦上添花但求雪中送炭。有些好事可做可不做，但那些事关生死危难、温饱生活、子孙后代幸福的事，是值得我们去做的。

（三）借钱容易讨债难

在农村，经常见到一些农民朋友好心借钱给别人应急，对方说好很快就还，结果日复一日，月复一月，都年底了，却迟迟不见对方有任何还钱的意思。身为债主的农民朋友想了百般的理由和借口，再放低姿态，然后旁敲侧击、小心翼翼地跟对方提起还钱这码事，对方反而责备催得这么急，一瞬间，农民朋友就从债主变成了仇人。由此可见，农民朋友在借钱出去时，要十分谨慎，切不可为一时的义气或好面子，在没有摸清借钱人的信誉、偿还能力、借钱用途等基本情况下就把钱借出去，否则就不得不面临着"站着借钱，跪着收债"的尴尬场面。

故事再现

大方的付某蒙冤记

湖南邵阳某村是一个地处深山的自然小村落，这个村落由王姓、陈姓、付姓三个家族组成。有一个付姓的农妇，人称"女菩萨"，心地淳厚善良，乐于助人，碰到求助的人,总会想尽办法去帮助,但很少借钱给他人,是个老实巴交的农村妇女。2012年7月的一天,同村的陈某给儿子办婚事,想找付姓农妇借10000元给儿子作彩礼。陈某知道付姓农妇是个老实人,就指天发誓,三年后一定会还款,并按1分的年息还款。付姓农妇就借给了陈某10000元。前年,本村王某给儿子办婚事,付某又借给外甥3000块钱。如今三年过去了,陈某也不提还钱的事。虽然付姓农妇的家庭条件也不宽绰,但碍于乡里乡亲、低头不见抬头见的关系,也不好意思直接开口向陈某要钱。2015年9月,陈某卖玉米收入了10000块钱,付姓农妇心想,这回陈某总该还钱了吧。于是她每天晚上都到陈某家坐一会儿,有意无意间说几句自己手头紧张的话来"启发"陈某,可是陈某偏偏不接这个话茬儿,实在让付姓农妇纠结,甚至让周边邻居产生闲言闲语。

　　回到家里,因心情不好见啥啥烦,摔盆砸碗,胡乱使劲儿,付姓农妇的儿媳看不过去,就陪同付姓农妇一起去陈某家要钱,谁知道陈某说现在手头紧,过几个月再还,这摆明了是赖账。付姓农妇就骂陈某是骗子,陈某也毫不留情地回嘴,一来二去,双方吵了起来,最后大打出手。

故事分析

欠债还钱也不灵

　　从古至今,欠债还钱,天经地义。无论国家、组织、家庭或个人,皆应如此。可是到了某些人的眼里,就变成了"欠债不还,理所当然"。"站着放债,跪着收债"在我们实际生活中常常得以验证。有时候我们放出去的钱款不但收不回来,还伤害了彼此的和气,永远丢掉了一个邻居或朋友,甚至还给我们自己增加了仇人。此时,"好心没好报"可能是我们最大的感慨了。在要债过程中,尽管你跑断了腿,磨破了嘴皮子,赔尽了笑脸,受尽了冷遇,却仍然要不到一分钱。欠债的对方不是避而不见,把你晾在边上,就是摆了一大堆比你还困难的理由,似乎还是我们不近人情,不该向他们开口要钱。难怪有人说"好人做不得"。因此,我们在借钱出去的时候一定要谨慎,除考虑对方的信誉、借钱用途、偿还能力外,还要立下具有法律效应的票据并约定还钱时间等,否则就不要把自己的钱借出去。

■ 实用妙招

如何要回别人欠你的债

一是以毒攻毒法。对于有些记性奇差的欠债人，恼羞成怒的你又无法强硬逼债。最好是"以其人之道还治其人之身"，编个理由约着欠债人去你想购买物品的商店或者是想去消费的茶馆酒店等娱乐场所，见到你中意的物品，开口向欠债人借钱买这买那，而借的数目能与自己借出去的数目差不多，最好是能将你的损失连本带息的捞回来。

二是"易货"置换法。至于那些"揣着明白装糊涂"的人，往往把钱借给他以后就如同肉包子打狗——有去无回，而且他们恐怕对你的讨钱招数也早有防范。不过也没关系，学会"易货置换法"，准叫他防不胜防。首先注意观察属于欠债人的物品，其价值最好稍微大于欠款或与所欠钱款等值。之后，找个最佳时机，装出没有任何动机的样子将其"借"到手，在欠债人还清所欠债务之前你拒不归还。这样就算是亡羊补牢，也不会为时过晚。

三是借刀杀"鸡"法。实在无法直接对付的欠债人，可以使用借刀杀"鸡"法。找一个和欠债人熟悉的人，当然，此人必须和你也很熟悉。然后，围绕目前你的经济困境对其大诉其苦，并把占用你钱财的欠债人罗列一番，旨在让对方出面替你向欠债人说出你难以启齿的讨钱话。此法也可以套换使用，直接找到欠债人表述一番，同样可以起到相同的作用。不过这招需要一定的演技，千万不能被人发觉你是指桑骂槐，要不然容易弄巧成拙。

四是动用武器法。农民朋友一定要有维权的知识和维权的意识，遇到赖账不还的欠债人，要勇于拿出法律的武器追债。

第五章
理性消费，也是理财

在农村，有些人在有钱的时候好面子、扮大款，不知道量入为出，以至于要钱用时没钱用。从前有一个农民比较富有，许多人向他询问致富的方法。这位富农就问他们："如果你有一个篮子，每天早上向篮子里放十个鸡蛋。当天吃掉九个鸡蛋，最后会如何呢？"有人回答说："迟早有一天篮子会被装得满满的，因为我们每天放在篮子里的鸡蛋比吃掉得要多一个。"富翁笑着说道："致富的首要原则就是在你的钱包里放进十个硬币，最多只能用掉九个。"

这个故事说明了一个重要的道理。当你收入十块钱的时候，你最多只能花掉九块钱，让那一块钱留在钱包里。无论何时何地，永不破例。哪怕你只收入一块钱，也要把至少 10% 存起来。不能花光所有赚来的钱，这是理财与消费的首要法则。这样，既可以使你家的财富由少变多，也可以使家庭幸福感得到提升，因为你养成了储蓄和节制消费的习惯，财务上的安全感不断增加，未来消费有保障，内心会变得愉悦，生活会过得更安稳。因此，我们一定不要把所有赚来的钱全部消费掉，不要轻易超前消费、借钱消费，更不要盲目攀比消费，必须开源节流。只有这样才能使我们一生平稳，不至于出现大起大落。

一、有了规划不会穷

"吃不穷，穿不穷，没有划算一世穷。"这是警示我们要养成有计划消费的好习惯。养成有计划消费的习惯不仅可以使我们的收支保持平衡，使我们的消费更加合理，而且会给我们生活的其他方面带来积极影响。相反，如果在消费的时候没有计划，而是想消费就消费，以至于钱到底花到哪些地方都不知道，今朝有酒今朝醉，最终很可能落得明日再也没酒喝。因此，我们在日常消费中有必要制订一个消费计划，包括近期消费计划和远期消费计划。

(一)做个近期消费计划

近期消费是指即将开始的消费,主要包括必需的消费、重要的消费、可有可无的消费等。我们在制订近期消费计划的时候,把要买的东西分为必需品和非必需品两类。必需品是指必须要使用的物品;非必需品就是非必须要买的物品。安排近期消费计划时,应该首先购买必需品,如有余钱,再购买非必需品。购买非必需品时,要分清每种东西的用途,以用途最大的为优先。只要对每样要买的东西进行分门别类,列清楚近期消费主次轻重,就能合理地进行消费,养成理财好习惯。

■ 故事再现

海大富的家庭计划书

家在黑龙江农村的海大富,从18岁起就外出闯荡。为改变自己的命运,他打过短工,跑过长途,还开过饭店。2015年,家乡鼓励农民返乡创业,海大富带着积蓄,回到了老家,承包了一块地种植蓝莓。海大富有个习惯,每天早上起来,他都要先拿出一本小册子仔细看看,再开始一天的工作,周边的邻居觉得很奇怪,就问他。海大富笑着说,家庭消费一定要有计划,切不可不顾家庭实际,否则就会入不敷出,这个本子就是我的家庭消费计划书。他说,我家每月都有一份"家庭消费月报表",内容有"每次购物金额""本月消费总额""比上月增减多少""本月总收入""本月消费占全年预算计划比例"等项目。为保证合理消费,减少不必要的开支,我家首先制定全年消费计划总金额,并根据不同季节的蔬菜价格及差价,列出全年12个月的肉蛋、蔬菜、瓜果及节假日消费计划和比例。本着"本月节余取出来,本月超支下月补"的原则,每月将各类饮食及消费控制在一定计划数额内。说来也怪,自从有了"家族消费月报表",吃菜饮食的花样倒多了起来,各种营养成分更齐全,尤其是逢年过节和双休日,消费金额甚至比以往少了许多。

第五章 理性消费，也是理财

故事分析

家庭是个小公司

为了有效地开源节流，增加家庭储蓄和财富，必须讲求家庭收支的计划性，制订家庭收支计划。所谓"家庭收支计划"，即对家庭收入、支出、储蓄所作出的预见性安排。家庭收支的计划性是通过制订家庭收支计划来实现的。家庭收支计划做得好，不但眼前的日子过得幸福，还能有一定的储蓄；相反，若没有计划，则会捉襟见肘，甚至债台高筑。海大富的小日子过得很滋润，就是因为他有自己的消费计划书。因此，农民朋友在进行家庭消费的时候，要立足于现实，制订科学、合理的消费计划，确保自己的钱花在刀刃上。

实用妙招

怎样控制自己的消费

1. 建立消费账本，记录当月的收入和支出情况，看看"花钱如流水"到底流向了何处。然后对支出情况进行分析，哪些是必不可少的开支，哪些是可有可无的开支，哪些是不该有的开支，逐月减少"可有可无"以及"不该有"的消费开支。

2. 家庭消费计划应明确保持消费占收入的合理比例，留有一定的余钱，以防意外的消费开支。同时，随时调校消费计划，在收入下降时，相应地也要减少消费支出，如果收入没有变化，不可仿效他人扩大自己的消费开支。要将每笔消费支出和收入准确入账，确保收支平衡。

3. 制订好家庭消费计划后，就要严格按照这个计划实施。家庭成员要相互监督，落实计划，不为一时的热门投资或时尚消费所迷惑，按部就班，稳扎稳打，一步一个脚印，让自己小家的经济建立在一个收益和安全的双重保障上。

（二）做好远期消费计划

计划可以分为近期计划和未来计划，消费计划也不例外。当我们有了近期消费计划之后，还要制订未来消费计划。未来消费计划对于家庭的消费更为重要，它是从长远来考虑，主要强调个人或者家庭的长远利益，包括家庭建设、各位家庭成员的发展、未来投资等。因此,我们有必要制订一份较详细的未来消费计划,以便一辈子能够平稳幸福地生活。远期消费计划也要考虑其支出成本与收益的比较,以便使自己的消费支出做到效用最大化。

故事再现

王文华的未来消费计划书

山东济南小王村位于华北平原,有800余名村民。小王村农作物一年两熟,主要种植小麦和玉米。村里每位村民能分到1.77亩农田。村民们平时的主要收入来自种田和进城务工,收入都一般,勉强维持一个家庭的运转。43岁的王文华住在村子的东边,是村子里比较典型的一户,上有80多岁的父亲,下有读高三的孩子。一家四口人,五间房,三间住人,两间存放粮食及一些农具。2015年8月,王文华的小孩考上重点大学,家里又是办升学宴,又翻新旧房、买家电,大伙儿心里都纳闷,不知道他的钱从哪里来的,有老乡就问王文华。王文华笑了笑,就将他家的年收支明细账翻了出来。

王文华家有耕地7亩,种小麦和玉米可以得到8000元的收入。农闲时,王文华和妻子都会进城打工,因为没有在城里生存的一技之长,只能到建筑工地"卖苦力"。王华在建筑工地做外墙支铁架的工作,属于高空作业,是建筑行业中最危险,当然也是挣钱相对最多的工种。王华除去农忙时节回家,一年的时间共干了260天左右,因为不同的季节每天工资不同,这一年平均下来每天能够拿到180元,因此,王华务工一年的收入是47000元。王华的妻子每隔两个月需要回家呆一个月照顾公公,也就是说,除去农忙时节和过年回家,每年还有四个月不能进城打工。王文华妻子一般在外打工150天左右,她的平均工资每天120元,因此,王文华妻子过去一年的务工收入是18000元。由于家庭收入有限,因此,王文华对家里的开支做了计划。第一部分是王文华儿子的教育支出,包括学费、生活费和寒暑假辅导班费用,共计13000元;第二部分是王文华夫妇俩在外务工的生活支出,共计14000元;第三部分是平时零散花费,村里人称之为"人情开支",这一项开支占比最大,也是最复杂、最难以计算的部分,包括婚丧嫁娶的份子钱、老人因病住院费用、交通通讯费、置办衣物费用等,这一部分预计每年支出25000元。按照收支明细,每年可以节余19000元左右,王文华对这部分钱按照三分法进行分配。一部分作为流动资金,为防备生病、受伤、灾害以及娶儿媳等事情而准备,可以随时变现;一部分作为预定资金,用于儿子上大学的学费;一部分预计10年不会使用的资金,作为自己和妻子的养老金。王文华和妻子相互监督,确保这些开支计划能切实执行,并约定一旦有额外支出,夫妻双方一定要商量好,观点达成一致。就是通过上述计划,王文华一家的经济状况尽管在村里属于中等水平,但一家子日子却过得踏踏实实。

■ 故事分析

家庭未来计划书是发展战略

国家发展有五年规划和长期规划,家庭未来消费也应制订各具特色的五年计划和长期计划。从王文华的未来消费计划书可以看出,他的未来消费计划较为科学合理。作为一名中年农民,应当准备一些流动资金,以备生病、灾害等不时之需;现在准备一笔教育费用,解决儿子上大学所需,有利于儿子顺顺当当地完成大学学业;考虑到夫妻双方已经是四十岁左右的人了,将来年龄大了,对新技术的接受能力差一些,劳动意愿和劳动能力不是那么强了,现在准备一笔养老的费用,可保障老年的基本生活。可见,农民朋友不管现在的经济条件如何,都要未雨绸缪,为未来的生活准备一份详细的消费计划表,让生活过得稳定。

■ 实用妙招

怎样更好地计划未来消费

1. 如果家庭不是很富裕,甚至家庭经济相对较紧张,这类家庭在制订未来的消费计划时,首先要做的就是保证今后相对稳定的生活。在消费时要保持理性,比如,可以考虑购买保险和儿童教育基金,保额或基金投资不要过大;可以将多余的钱投在有稳定收益的理财项目上,但不可投资风险过大的理财项目,以免挤占有限的现金;可以适当地购买车辆、大型家电以及房产,但应按照自己实际拥有的收入和现金流分期列出计划。

2. 如果家庭较为富裕,家庭成员有较为稳定的收入,可以保持一定的现金流动性,预备未来6个月之内可能出现的大额消费和保险医疗等支出,保证充足的现金支配能力。配置一些期限较短的消费支出计划,如日常旅游、休闲等,做好中长期的理财规划,将长期不用的资金布局到稳健的固定收益类理财产品中,进行一些风险容忍度更高、收益波动性更大的权益类产品投资,股票和基金都可以成为很好的选择。

(三)消费计划要量体裁衣

制订近期消费计划和未来消费计划,都要求我们结合自己的实际情况,量入为出,不可超出自身的经济承受能力,制订非理性的消费计划。有些农民朋友为了享受更好的生活或者与周边人攀比,甚至制订赶超计划,完全不考虑自己的收入状况和实际家庭经济条件,这实际是饮鸩止渴,最终可能会事与愿违,甚至搞砸原本相对稳定、和谐的家庭生活。

故事再现

不合理的消费计划害苦鲁达

鲁达自幼生活在农村,所在乡村是周边远近闻名的富裕村。鲁达深知养育自己的这片热土,源源不断地提供着机会与财富。2013年,经过上网查阅资料,鲁达先后以土地流转的方式,从农民手中承包了600多亩土地,几经筹划,一个繁育绿化苗木新品种、种植销售绿化苗木的基地终于注册成功。在亲友的帮助下,基地建设步入正轨。基地建成以后,通过多方调研,鲁达终于确定了绿化树木的种植、繁育项目,从购进树苗到合理栽植,从日常管理到技术创新,短短3个月的时间,他的苗木基地种植繁育绿化苗木100万株,建设温室5000多平方米。

鲁达还在基地里搞生态鸭养殖。一方面,由于鸭子吃草,可以减轻人工除草的负担,节约劳动力;另一方面,畜禽活动的空间大,发病率低,鸭子散养在树林中,节省饲料,肉质也好,产生的粪便还可作为有机肥料。树下散养的方式契合了当下人们对绿色健康食品的追捧,鸭子的销路根本不用愁,很多客户已经开始提前预订了。2013年年底,鲁达的苗圃基地和生态鸭养殖效益非常好,不仅偿还了借款,还有10万多元的盈利。

鲁达取得初步成功后,没有进一步做大苗圃和生态鸭养殖产业,反而和周边

第五章 理性消费，也是理财

的青年进行攀比，戴名表、开豪车、去上等馆子吃喝等，还经常去外地旅游。2015年，一场突如其来的冰雹摧毁了鲁达的苗圃和生态鸭养殖场，鲁达损失惨重，只能恢复重建。然而这两年没有节制的消费耗光了他的积蓄，亲戚朋友认为他能够到处旅游、胡吃海吃，不可能没有余钱，都不愿意再借给他钱。没有了资金，鲁达的苗圃和生态鸭养殖场难以恢复生产，只能荒在那里，鲁达的生活就变得更加困顿，他的其他消费计划也都无法继续实现了。

■ **故事分析**

消费计划要量身定做

在一定的社会环境和家庭经济条件下，每个人的消费潜力是固定的，每个人的消费不可"拔苗助长"。从上面的例子可以看出，鲁达的消费没有合理的计划，甚至超出了自身经济承受能力，导致经营失败、生活困顿。鲁达在挣到了一些钱以后，应有节制地消费，理性地享受生活，将钱投入再生产中，从而可以获得更多的财富，让自己的生活质量更好些。因此，农民朋友要吸取鲁达的教训，要量身定做消费计划。

■ **实用妙招**

怎样使自己的消费计划更合理

农民朋友在制订消费计划时，既要树立更为积极、更具效益的消费理念，要"敢"消费，不要当守财奴，也要合理控制生活成本，享受高性价比的生活乐趣。只要事先理性规划，保持一定的前瞻性，"调控"得宜，保持一定的弹性，实现了有效的收支平衡，我们就能在不失品质与乐趣的基础上优化自己的生活。

二、寅吃卯粮苦未来

随着社会经济的发展，"超前消费"这一名词越来越多地充斥在我们的生活中。随着越来越多新潮事物的出现，"超前消费"似乎也成为一种时尚，尤其是农民朋友，似乎对"超前消费"也产生了兴趣。超前消费又称消费超前或消费早熟，是指当下的收入水平不足以购买现在所需的产品或服务,以贷款、分期付款、预支等形式进行消费,通俗一点讲,就是花明天的钱圆今天的梦。

在现阶段,由于我国农村的社会保障体系还不是太完善,需要家庭充分发挥保险作用。因此,农村家庭要有一个稳健的消费目标,需要为自己以后的平稳生活做些准备,不要轻易超前消费。在需要的消费中,也尽量不要超出计划,以免影响其他计划的进行,减少自己的收益。同时,在消费时,不要跟着感觉走,要从现实需要出发,节省一些没必要的开支,尤其在年轻的时候,更要注意节省。省钱如赚钱,省了钱就可以进行更多的投资。因此,农民朋友在进行家庭消费时,必须量入为出。

故事再现

陈有才成了穷光蛋

陈有才老家在江西宜昌农村,由于家中兄弟多,经济条件不好,他到30多岁还没有成家。后经人介绍,他来到湖北一个偏僻小镇上的贾文英家里做了上门女婿。贾文英在镇里的企业工作,每月工资1000元左右,孩子在镇中学读书,陈有才外出务工。总之,一家的小日子过得再普通不过了。2014年5月,陈有才向同乡借了10元钱买了几注彩票,其中一注中了大奖330多万元,缴了20%的税,还有260多万元。

中了大奖的陈有才自然喜出望外,成为镇上有钱人之一。陈有才一回到家中,就叫妻子辞去工作,开始享受大奖去了。有了钱的陈有才马上开始了改变生活的行动。首先给妻子买了很多好衣服,又买了"三金",带着妻子四处旅游,再给亲友们买了高档商品,还给自己买了一部10多万元的轿车,就连每天吸烟的开支也大大增加。日子久了,他觉得在小镇上玩得实在没有意思,就开着轿车到省城去玩。在省城,他很快结识了一批朋友,大伙都拼命巴结他,千方百计讨他欢心。陈有才在这群人的前呼后拥下,住进了省城的大酒店。从此以后,他经常高朋满座,过上了吃喝玩乐的生活。当然,这一切的开支不用大伙担心,自然有陈有才买单。15个月,陈有才挥霍了200多万。

俗话说:"吃不穷,穿不穷,没有划算一世穷。""吃不穷,穿不穷"是指正常的开支,而不是指大肆挥霍。后来,陈有才的家庭关系迅速恶化。2015年11月,

第五章 理性消费，也是理财

妻子提出离婚。离婚官司使得李有才元气大伤，从中奖到打官司分财产，手中能自由支配的钱已经不太多了。一般情况下，农村人中得如此巨奖就是不工作也可保证衣食无忧，但人的生活是变化无常的，谁能保证自己的后半生顺利呢？

■ 故事分析

虚荣是消费的大忌讳

虚荣是一把直插心脏的利刃，抹去了青涩留下贪婪，是要付出代价的。陈有才贪慕虚荣，盲目攀比，没有节制地超前消费，结果很快把财产败光了，真是俗语说得好："聚财好比针挑土，散财好比水推沙。"农民朋友在事业上取得成就、积累了一定的财富后，切忌"小富即安，不求上进，坐吃山空"，结果是有了面子、失了里子。应该把赚来的钱进行合理的理财，为自己创造更多的财富，"里子"才会更充实，"面子"才会更光鲜。

■ 实用妙招

如何避免非理性的超前消费

超前消费的出现反映了社会消费观念的更新。有限度的超前消费可以提高投资效率，改善家庭生活质量，提高生活品质；而没有节制的超前消费不仅会加重个人乃至家庭的经济负担，甚至会导致家庭破产。对于农民朋友来说，要想避免出现盲目的超前消费行为，就应努力做到：

1. 要规避超出自己收入能力的过度消费。超前消费应有一定的家庭收入水平作支撑。如果消费过度，则会超出基本需求和支付能力，这是一种扭曲的、不可持续的消费方式，将造成家庭资源的极大浪费和家庭财富的严重消耗。

2. 要保证超前消费建立在一定的积蓄上。超前消费，购买一些奢侈品改善生活品质是人之常情，但这种过度消费会消耗个人丰厚的资产，一旦个人经济出现状况，甚至恶化，会让自己的生活状态非常被动。因此，应在有一定的资产和积蓄作保障的前提下偶尔适度超前消费。

3. 不要贪慕虚荣。过分的爱慕虚荣会导致失去平常心，追逐名与利，进而发展到自己能力无法承受的境地。欧洲文艺复兴时期戏剧家莎士比亚曾经说过:"爱好虚荣的人,是用一件富丽的外衣遮掩着一件丑陋的内衣。"农民朋友挣钱不容易,应脚踏实地地追求幸福生活,不要攀比金钱和物质,生活在金钱的阴影下是没有安全感的。

三、借钱不是免费餐

借钱消费与超前消费不同,超前消费是指超出自己的收入能力进行消费,借钱消费是指暂时没钱,通过借钱来消费的情况。借钱消费会让家庭背上债务压力,更要慎重。当然,该借钱的时候还要借,该出手时不出手,也是家庭理财消费的大忌。目前,国家政府鼓励老百姓消费,2009年8月13日,银监会发布《消费金融公司试点管理办法》,正式启动消费金融公司试点审批工作。今后,消费者购买家电和电子产品,以及在家庭旅游、婚庆、教育、装修等方面的消费,都可以向消费金融公司申请贷款。通过金融来刺激消费,其本质是对未来的透支。但借钱总是要还的,借的越多,能还得起的可能性就越小。"挣多少花多少"是中国人的一项美德,而不是缺点。因此,在我们的收入和社会保障没有保证的时候,不要去轻易借钱消费。作为农村人,借钱消费一定要注意自身的还款能力,当不是进行必要的消费时,尽量不要去借钱消费,避免出现经常为还款而发愁的局面。

(一)借钱用途要实际

农民朋友遇到一些不是很必要的消费支出,而又囊中羞涩时,就要控制好自己的欲望,不要去借钱,因为借钱是要还的,也是有成本的。即使是找要好的亲戚朋友借钱,尽管利息很低,甚至不要利息,也会欠人家人情。因此,农民朋友在借钱时,要想清楚借来的钱是要消费什么,这些消费能给自己、家人或者是整个家庭乃至自己的事业带来什么,又会失去些什么。如果借钱消费带来的效用很低,那就不应借钱消费。

第五章　理性消费，也是理财

■ **故事再现**

吴弛借钱做"好事"遭老婆骂

　　鄂西山区是劳动力输出重地，每年外出务工人员有上百万人。吴弛是景家坪村的一名普通农民，初中毕业后就回家务农，因为家里人口多、耕地少，种地挣不到钱，因此他就外出做建筑工。由于人灵活、手脚勤快，不久吴弛就做了一个建筑"小老板"，没几年赚了几万元钱，还娶了妻、生了两个娃。但是，2015年以来，由于经济不景气，建筑项目显著减少了，吴弛承包的项目运营也出现困难，承包工程连农民工的工资都发不出来。

　　山区农村的年轻一代，挣了钱最热衷于做两件事情，一是建房，二是买车。吴弛见村里不少年轻人都买了车，觉得自己没车，面子上过不去，但是买车的钱又不够。吴弛心有不甘，就找隔壁邻居借了5万元，但是想到村里的年轻人买的车不是奥迪，就是大众，自己买辆几万元的车不能撑门面，于是又通过朋友以2分的利息借了15万元的高利贷，买了一辆奥迪。当他把车开回家后，他老婆问他车是哪来的，当他将实情告诉她后，他老婆和他大吵一架，认为民工的工钱还没给就去买车，是一种不道德的行为，甚至还去借高利贷，只会让本来经济紧张的家庭雪上加霜。如果他不退车，就和他离婚。

■ **故事分析**

借钱消费要从必需消费出发

　　吴弛承包的建筑项目经营情况不好，农民工的工资都难以正常支付，还要借钱消费，甚至借高利贷去消费，家庭关系紧张就无法避免了。在农村，借钱消费是常有的事，但是，必须是家庭必不可少的开支或对家庭发展有重大影响的事情才可以借钱消费，要坚决杜绝不合情理的借钱消费。

农民理财宝典

■ 实用妙招

理性地借钱消费

我们在借钱消费时,要仔细权衡:自己准备消费的商品在家庭生活或日常工作中是否重要,千万不要打肿脸充胖子;借钱消费后,是否有足够预期收入或其他变现的资金来偿还借款;借钱的成本是否能为自己接受;借钱消费是否会给家庭带来负面影响,是否会影响家庭的稳定与和谐。只有在全面权衡好,考虑了所有不利因素的情况下,认为借钱消费是理性的,我们才能去大胆地借钱。

(二)借钱有度能偿还

在国外,若打开电视或翻开报纸,铺天盖地的都是提供消费贷款的产品广告。人们的普遍观念是:不能负债说明你的信誉差,借款消费才是天经地义。近几十年来,借贷消费在一些发达国家得到迅速发展,很多消费者通过预支他们尚未到手的收入,满足了住房、汽车、家用电器等耐用消费品的需求。近年来,随着市场经济日趋活跃,"借钱度日"成为消费时尚。但是,现在有些农民朋友借钱消费超出自己的还款能力,进行超出自己能力的消费就如同酒后驾车,十分危险。因此,农民朋友"借钱花"应量力而行。

■ 故事再现

借钱当作家借到远走他乡

陈菲艺是宁夏山区农村的一名普通农妇,改革开放后就外出打工,做过保洁员、销售员、保姆等多种工作,后来在东莞一家电子厂做工。2014年年初,由于年龄大了,身体受不了高强度的工作,陈菲艺就回了家乡,用所有的积蓄在老家办了一家制衣厂,招聘了一批残疾人士,解决了这批残疾人士的工作和生活困难。由于她的善举,政府和银行都极力支持她的制衣厂的发展。厂子的效益还可以,陈菲艺就萌生了利用业余时间写自传的念头,以实现自己的作家梦。为了写作和图书出版,陈菲艺要与出版社等单位沟通,经常招待人。开厂子虽然挣了点钱,但也经不起多次的餐饮消费。为了维系那些人际关系,陈菲艺只能四处借钱,甚至还借了高利贷。美其名曰扩大厂子,实际都拿去应酬了。这些借贷已经远远超出她的偿还能力。因为她将大量的时间放在写作和应酬上,没有时间去管理厂子的生产经营,厂子的效益越来越不行。一年半后,她的厂子倒闭了,而她的书稿还没有写出来,更别谈出版发行了。没了厂子,她更加没有能力偿还债务了。为了躲债,陈菲艺只好远走他乡,年三十也不敢回家。

故事分析

借钱消费不要摆阔

陈菲艺通过借钱进行一些与自己实力不符的消费,在自己能力还不具备的情况下就想得到自己想要的东西,一旦债务开始累积,它就会以极其可怕的速度增长,结果让她成为钱的奴隶,难以翻身。因此,农民朋友在借款之前,要对自己的收入情况和每月的还本付息额进行衡量,仔细测算,以此确定能否借款。或者确定所能承受的借款额,必须克制自己"欠债也要消费"的欲望,切不可为摆阔而借钱消费,否则只能获得一时之快。一旦养成了大手大脚的借钱消费习惯,终究会带来一生的悔恨。

四、火眼金睛看促销

随着城乡一体化进程的加速和农民收入的提高,农村变成极具潜力的消费市场。巨大的市场空间吸引了无数的商家,不良商贩也乘虚而入,将伪劣商品进行包装,采用假冒"家电下乡"、打折、降价、送赠品等优惠促销手段,向广大农村地区大举渗透。大量假冒劣质食品向农村地区转移,农村成了"消废"市场,这严重危害着广大农村群众的身体健康和财产安全。农民朋友一定要睁大眼睛看清各种骗局,不要轻易相信商家所谓的清仓大甩卖、优惠大甩卖、"放血"大甩卖等,这样才能使消费更合理、更安全。

农民理财宝典

■ 故事再现

商家"跳楼"价 气得想跳楼

刘小丽是福建长汀的农妇,40多岁。2016年2月,她去县城走亲戚,经过县城一个服饰店时,看见店门口挂了一块招牌,写着"店铺转让",店门口张贴有"清仓大处理""跳楼大甩卖"等标语。该店人员称,时值冬季,原价几千元的皮大衣全部降价到千元以下,以最低价销售,数量不多,欲购从速。刘小丽摸了摸皮衣,觉得四十多岁的人呢,是应该享受了,而且这个价格还蛮实惠的,于是,她就花了850元买了一件。穿了没几天,她发现皮衣质量不好,就到县城的服饰店找店家换,结果在服饰店里发现同样款式的皮衣,每件只要450元,她就找该服饰店人员论理。服饰店人员声称前几天是打折,今天是清仓,价格要便宜得多,而且货物一旦卖出,概不退货。刘小丽很生气,就跑到工商部门询问,工商部门看了她买的皮衣后,指出她买的这件进价只需二三百元。这时,刘某才感到上当受骗了,悔恨不该相信什么跳楼大甩卖。

■ 故事分析

只有买贵的,没有卖贱的

随着经济的飞速发展,广告已经成为商家和厂家销售的必要手段,为我们提供了产品信息。通过广告的文字、画面、影视形象等宣传,我们可以了解产品的性能、特点、使用情况以及购买方式等,降低了寻找产品信息时的成本。但是,广告就像一把"双刃剑",有些广告会对盲目、弱点极易被攻破的消费者进行不当诱惑,从而带来负面影响。一些不良商家通过发布虚假、违法、诈骗等不良广告诱导消费者上当受骗,而且会将这些广告成本纳入商品销售价格中,转嫁给消费者。因此,农民朋友不要轻易相信打着"大放血"噱头的广告,表面上这些商品价格便宜,实际上我们可能吃了暗亏。刘小丽就是贪图小便宜,相信了商家的"清仓大处理""跳楼大甩卖"买了皮衣,以为捡了个大便宜,结果人算不如商家算。因此,农民朋友在购买商品时,不要轻信商家的打折标语,特别是所谓的"大甩卖",切记"羊毛出在羊身上",一定要货比三家,再做购买决定。

第五章 理性消费，也是理财

▍实用妙招

如何巧妙地规避误导性消费

1. 防范商家借打折、返券等价格策略虚构原价进行促销，诱导消费者购买商品。一些商家趁着黄金周销售旺季，利用虚假的"特价""清仓特卖"掀起降价狂潮，兜售过时商品、残次商品，即先提高原价，再打折，在促销活动中"虚晃降价一枪"，欺骗消费者。

2. 辨别药品广告真假的绝招。

(1) 宣传效率、治愈率和治疗效果。如"根治糖尿病、高血压"或保证"一个疗程无效，一律免费治疗"等，都是违法医疗广告。特别是中间出现"首个""最"等字眼的，一定要小心。

(2) 发布国家暂不准发布的疾病治疗广告。按照国家规定，性病、牛皮癣、艾滋病、癌症、癫痫、乙肝、白癜风、红斑狼疮等均不得发布医疗广告。但现在，很多治疗性病的广告会以泌尿感染诊治中心、生殖健康专科或妇科特诊替代，致使不少人上当受骗。

(3) 广告中只有内容，没有批准文号或文号已过期。任何医疗广告的发布，都有对应的批准文号，其标准格式为：×药广审(视/声/文)第＊＊＊＊＊＊＊＊＊＊号。"×药"代表广告审查机关，如"沪药"等；数字部分为10位，前6位代表审查批准的年份和月份，后4位代表广告序号。

(4) 以机构、专家、患者现身说法方式，变相刊登医疗广告。很多产品以患者的亲身经历来证明产品的有效性，部分广告中还经常出现解答问题的"权威专家"。但是只要经过核实就会发现，这些"专家"，有些是专职演员，有些则是完全被蒙在鼓里，毫不知情。

(5) 出现"祖传秘方"等字眼。这在法律中是明令禁止的。

(6) 宣扬所谓的新技术。打着"高科技""新疗法"的幌子，用"纳米治疗术""基因疗法"等名目繁多的词汇，引诱患者前去就医。

(7) 号称得过发明专利和各项大奖。在查处的虚假违法广告中，号称得过"国家××专利奖""诺贝尔医学奖最新成果"或××协会颁发的优质奖等，数不胜数，但多数都是子虚乌有。如果有专利，必须标明专利号和种类。

(8) 宣称保健品能治病，广告内容与报批内容不符。不管是药品、器械，还是保健品、食品,在国家食品药品监督管理总局的网站上都有备案。广告内容与报批内容不符的,都不能相信。

(9)打着赠书旗号卖产品的,需要警惕。有些广告打着赠书的名义,实际是在推销某些保健品。

3. 学会投诉的技巧。

(1)要心平气和、有条有理、有凭有据地叙述自己权益遭受侵害的事实和经过,不要怒气冲冲、骂骂咧咧和杂乱无章。有些农民朋友在自己的权益受到侵害时表示出极度的气愤,这是正常的,也是可以理解的,但是一旦进行投诉或提起诉讼后,就要善于控制自己的情绪,心平气和、有条不紊地将事实经过表述清楚,使接待投诉和申诉的人能了解事情的整个过程,清楚投诉要求,这样有利于消费者的投诉取得较好的效果。

(2)不要用个人感情来代替侵害事实。消费者的权益是否受到侵害,要用事实、证据来证明,不能感情用事。有些农民朋友在投诉、申诉或起诉时,事实不清楚,法律关系不明确,证据不充分,却反复强调因"侵害"而使自己的感情受到刺激、打击,从而认定经营者侵权。这样无益于解决问题,这与投诉的宗旨相去甚远。

(3)不要用夸张的方式突出自己所受的侵害。有些农民朋友为强调自己所遭侵害程度的严重性,故意用夸张的方式投诉,以引起接待投诉部门的重视,甚至违反社会公德和影响有关部门的工作秩序。

(4)要正确掌握要求精神损害赔偿的尺度。根据《民法通则》的规定,精神损害赔偿的范围只限于侵犯公民姓名权、肖像权、名誉权、荣誉权以及法人的名称权、名誉权、荣誉权和人身权,其他人身权利受到侵害未引起财产损失的不宜适用。即使是公司名称或法人的上述权利受到侵害,但并未造成经济损失的,也不一定都采用金钱赔偿的办法来解决。也就是说,精神损害赔偿只限于人格权、人身自由方面的,《消费者权益保护法》第四十三条对此也作了规定。另外,精神赔偿的方式有停止侵害、恢复名誉、消除影响、赔礼道歉并赔偿损失。所以,消费者要弄清精神损害的赔偿范围,并且根据实际情况提出赔偿方法,不要一味地强调金钱赔偿。

(5)"12315"是全国工商行政管理机关设立的以消费者为服务对象的受理申诉电话,以维护消费者合法权益、引导消费者合理消费为宗旨,努力成为消费者的朋友,生产者、经营者的参谋,执法者的助手,为消费者消费维权和市场优质

第五章 理性消费，也是理财

品牌服务，打假保优，共建诚信。每个地方都可以拨打该号码。

五、盲目攀比后患大

在现实生活中，我们喜欢和别人比较，与邻居比、与同事比、与亲戚比，比房子、比车子、比穿着。其实我们无须去克服这种心理，这说明我们对自己还抱有希望。但是，比较归比较，心态要平衡，切不可越比较，心态越失衡，心理越生气，要记住，"人比人气死人"。我们不要盲目攀比，羡慕他人的生活；应学会换位思考，冷静地看待自己的生活，"比上不足，比下有余"。消费也是如此，可以享受生活，但在自己有限的经济能力承受范围之内消费才是"人间正道"，不要盲目攀比，贪一时之快，结果抱憾终身。现在的农村收入水平和生活水平提高了，很多农民家里都有了余钱，一些好面子的农民开始了攀比奢靡，超前消费，寿礼攀比、婚宴攀比、葬礼攀比、住宅攀比等，层出不穷，铺张浪费令人瞠目，有的已经超出自己的承受能力，在相互攀比中耗尽血汗钱。

■ 故事再现

挣了面子伤了家庭

农村结婚越来越贵了！部分农村地区结婚不仅要求金戒指、金耳环、金项链等"三金"齐全，车房俱备，彩礼更是涨到十几万甚至二十几万。邓民辉是湖南桂东贫困山区的农民，初中毕业后去深圳一家制鞋厂打工，挣了点钱。2015年下半年，由于经济不景气，鞋厂没有接到什么订单，就对员工进行裁员，邓民辉因为不属于技术工，也在裁员范围。邓民辉回到老家后，就想找门亲事，把婚结了。邓民辉就去相亲，看中了，女方也满意，但是女方提出要准备新房和汽车，还要准备5万元的现金。邓民辉心想，结婚要彩礼是很正常的，而且，乡里乡亲都知道他在外打工，如果不大方点，会让村里人瞧不起。但是新房、车子加起来都要30多万元，他没有这么多钱，因此就到处去借钱，还借了高利贷。邓民辉的父母今年均50岁了，为了他的结婚彩礼不惜作"高龄农民工"，进城在建筑工地做小工。邓民辉终于把婚结了，但是家里每天都坐满了来讨债的人，他的父亲因为年龄大，在建筑工地上挑水泥时把腰闪了，只能回老家养病，而妻子因为他之前没有讲清家庭真实的经济状况，每天既要应付来讨债的，又要照顾公公，所以每天在家里和他吵,家里没有一天是安宁的。彩礼本是一种传统民俗,如果变质为讲排场、拼面子的陋习,那可真是成了农村家庭的"烦心事"。

故事分析

攀比消费生麻烦

农村攀比奢靡之风说到底就是虚荣心在作祟,为了在十里八村的乡亲面前争足面子,弄个好名声,就在表面上"贴金",你做我也做,你好我比你更好,于是就出现奢靡消费、攀比消费的现象。斗富之风劳民伤财,更败坏了社会风气。邓民辉的做法是不理性的,盲目攀比,最终带来麻烦。我们应引以为戒,自觉做到"减负"。

实用妙招

避免盲目攀比消费

1. 人情消费少攀比。在农村,婚丧嫁娶都要"随份子",这对于开展经济互助、和睦邻里关系等有很重要的作用。可如今,在一些地方,随礼的名目也花样繁多,人情攀比之风愈演愈烈,份子钱一年比一年厉害。一些农民认为,"礼到人心暖,无礼讨人嫌"。即便手头再紧,也要借钱随礼,个别村民甚至将丰厚的礼金当作显摆的手段、炫耀的资本。所以,在人情消费面前,不要与别人攀比。

2. 迷信消费勿沾染。近年来,巫医神婆等封建迷信活动在农村颇有市场,呈现蔓延扩大的趋势,其手段主要是巫术。与传统巫术相比,现代巫术往往披着科学的外衣,打着传统文化的帽子,有很强的欺骗性。其活动的目的无非是骗钱,少的上百元,多的成千上万元。不少农民为了求发财、求平安,不惜将血汗钱花在求神拜佛、算命占卦、测字看相等封建迷信活动上,结果是竹篮打水——一场空。农民朋友一定要相信科学,不要进行迷信消费活动。

3. 结婚消费要理性。现在有些农村的婚礼攀比之风越来越盛。有的农村婚礼要大办三天,要摆三天的流水席。三天的流水席有180桌左右,每桌不包括酒水千把块,光酒席就要花几十万元。有的人还要摆一周的流水席,费用就更高了。在酒店式的婚礼中，豪华车队、主题婚礼、摄影团队、视频制作、主题道具等都是婚礼中费用的重头。有的农村在办婚礼时，竟然相互比较谁家婚礼的车队更长、豪车更多，谁家的场面更大，酒店星级更高。杂七杂八的算下来，有的农村的婚礼都要花四五十万。那么多结婚费用从何而来呢？新人大手笔花钱的背后，大多是依靠双方父母积累的财力作为后盾。但是对于子女多而家庭收入不丰的父母来说，真是不堪重负，有的还不惜为结婚举债。这样的婚礼是挣了面子，害了自己和孩子。

4. 丧事消费别折腾。别把老人去世当作斗富比财的机会，讲排场、比阔气，不要大修豪华坟墓。有的老人去世后，子女不惜花重金为其买高档骨灰盒、修豪华坟墓。丧葬消费的攀比，加重了农民经济负担，其实真正表孝心，是在亲人活着的时候多给予关爱。

第六章

巧花钱，活理财

当今社会，虽然农民手中的余钱越来越多了，但有钱不仅要省着花，还要花得在理，花到点子上。

一、只买对的不买贵的

农民朋友现在的苦恼之一是如何更好地花钱，钱要花在刀刃上，如何花好钱就是农民朋友投资理财的关键。农民朋友在购买商品时要坚持"三看"：一是看购买的东西是否是自己真正需要的。农民朋友买东西时不要感情用事，要有条不紊、理智地分析和处理问题，绝不购买不需要和不合适的商品，切不可有计划外开支和即兴购买。二是看钱花的到底值不值，不要一味地追求时尚。如果收入不高、预期不高、保障有限，反而还很阔气地花钱，就不值得了。三是看性价比是否合理。购买东西前要对商品的品牌、价位、性能等进行比较，做到心中有数；要关注商品的结构是否合理，使用是否方便，是否经济耐用、省时省力，是否能够切实减轻家务负担，价格是否实惠，在同类商品中性价比是否是最高的。

（一）买优不买劣

如今，假冒伪劣产品盯上了农村这个广阔的天地，源源不断的假冒伪劣产品涌入农村市场，既伤害了农民的身体健康，造成农民的经济损失，又扰乱了农村市场秩序。假冒伪劣产品越来越"青睐"农村市场的原因是多方面的：一是农民是低收入群体，受自身收入和消费水平的限制，他们购买的商品大多是最基本的生活必需用品，在购买时多看中其低廉的价格；二是农民缺乏打假意识，由于收入低、缺乏打假知识、维权困难等，农民朋友还未能自觉地参与抵制假冒伪劣的行动中来，较低的文化水平在一定程度上限制了他们获得信息的途径，缺乏对事

第六章 巧花钱，活理财

物进行分析以及解决问题的能力；三是农民在购买日用品和农资时，没有辨别其真假的意识，换言之，就是对假冒伪劣产品辨别意识不足；四是由于无法分辨正品和假冒产品，其理性选择就是折中处理，这使得农村地区在很大程度上成为假冒伪劣产品的集散地，加上比较固定的消费群体，最终导致了假冒伪劣产品大量充斥农村消费品市场；五是受地理位置影响，比如偏远农村和山村的农民喜欢到日用品比较集中的小卖部和流动的集贸市场采购。农民朋友除了要了解这些原因，还要学会辨别真伪，购买物有所值的商品，维护好自己的权益。

■ 故事再现

"便宜"化肥不省心

卓毅航是汝州市小屯镇长营村的一名普通农民。2015年5月19日，村子里来了一辆面包车，从车上下来几个年轻人，他们挨户敲门，请村民去县城听农业技术讲座。当时卓毅航就和同村的几个人坐上面包车，赶到西平县迎宾大道一个门头上挂有"一种天农业种植合作社"牌子的房间内听课。老师的课讲得很好，当时听课的一二百人都很入迷。课后，这伙人又组织几名村民实地查看仓库等地方，中午还管了村民一顿饭。看了仓库，村民心中的顾虑打消了。饭后，这些人就向卓毅航推荐两种化肥，说是这一套化肥能上一亩多地，效果出奇的好，明年小麦一定能有个好收成。化肥价格是两袋一套360块钱，买一套化肥还送一件酒。如此大的优惠，听课的人竞相购买。卓毅航和同村的几个人订了10套，共计20袋化肥，当天现场买的就有四五吨。

回村后，遇到从镇里来到村里做农业技术推广的农技推广员王某，王某听说有这么便宜的化肥，很惊讶，提出想看看化肥的包装袋。结果发现这些化肥既无生产许可证号和肥料登记证号，也没有合格证。王某取了一些化肥送到县农业局进行检验，结果发现全部是假货。卓毅航和同村的几个人赶紧将化肥带到县城准备讨回公道，却发现堆放假化肥的地方已经人去楼空了，卖假化肥和讲课的老师早已不见了。

故事分析

便宜没好货

山寨商品"下乡"成了新趋向,在广大农村一些小超市、路边摊等地方"一不小心"就能买到山寨商品,这些山寨货赤裸裸地冲击着农村市场,要么是傍名牌、打擦边球,要么是贴上假标签。这些山寨商品实际就是损害农民身体健康和财产安全的伪劣商品。因此,农民朋友在购买商品时,要多留个心眼,要有甄别能力,学会辨别商品的质量和真伪,不可轻易相信商家的蛊惑之词。卓毅航买化肥时贪图一时便宜,结果落入陷阱,购买了价格低廉、粗制滥造的劣质产品。农民朋友不仅要增强识假辨假能力,避免成为不法商家"钟情"的出售对象,还要增强权益保护意识和能力,学会运用法律武器果断出手维权。

实用妙招

识别食品、生活用品、日用品真伪和优劣的招数

1. 认识商品的质量标志。商品的质量标志是指印在商品的销售包装上的一些反映商品质量的标记。它说明商品达到的质量水平,主要包括 QS 标志、国家免检标志等。

2. 真假名优识别六招。一是确认商品的商标标志。名优商品的商标均在国家商标局登记注册过。其商标标志和"注册商标"字样印在商品的外包装上。而假冒名优商品在外包装上多数没有商标标志或"注册商标"字样。即使仿照,其图案色彩与真品标志也有不同之处。二是查看商品的外包装上的标记。名优商品按照国家有关规定,在外包装上分别标有商品名称、规格、型号、成分、重量、生产批号、出厂日期、厂名、厂址、产品技术编号、检验合格证等标记,而假冒名优商品的外包装残缺不全,或者乱用标记。三是注意装潢。多数名优商品装潢图案清晰、形象逼真、色彩调和,且做工精细,包装用料质量好。假冒名优商品装潢图案模糊、形象不真、色彩陈旧,包装用料差,做工粗制滥造。四是检查特有标记。有些名优商品,除了在商品包装的主要位置有商标标志外,还在商品包装的某些部分或部位有特殊标记,如凤凰自行车有18~20个贴花,有烫金、硬印的小凤凰

标志。五是注意厂名。特别是一些传统名优商品,以地名为商品名称的,生产的厂家很多,但正宗传统名优商品只有一家。如正宗名优"孝感麻糖",厂家是湖北孝感市麻糖厂;正宗名优"镇江香醋",厂家是江苏镇江恒顺酱醋厂。六是仔细观察商品包装的封口处。大多数名优商品采用先进机械封口,封口处平整光洁,无折皱。假冒名优商品的封口处不平整,有折皱、粘迹,有的有裂口或陈旧破绽。

在选购商品时,还要谨慎选择售货单位。购买一般的商品也要找信誉好的商店或超市,一般来说,越有实力的商店或超市卖假货的可能性越小。如购买名酒、名烟,最好在当地连锁店或国有烟草公司购买,不要在个体户(商店)购买名烟、名酒等商品,避免上当受骗。

(二)买实不买虚

封建迷信是原始人类传衍下来的一种落后愚昧的盲目信仰,有着悠久的历史渊源。改革开放已经30多年,封建迷信思想依旧存在,在广大农村地区,尤其是偏远落后的农村地区一息尚存。受封建思想的影响,农村许多农民朋友的封建迷信观念十分浓厚,不管是结婚日期,还是老人出殡时辰和墓地选择,他们相信"巫婆""神汉""阴阳先生"能"救死扶伤""避邪趋害""知晓人财兴旺"。不少村子的房屋破败不堪,庙宇却十分漂亮,里面供奉着"五道将军""龙王爷""土地爷""观音菩萨""河神爷"等,有些常年摆着贡品。附近的农民遇到不顺心的事就去拜祭、放鞭、烧香和磕头。有些富起来的商户,正堂还供奉着"财神爷",每天烧香拜佛。虽然封建迷信只是在少数人身上或少数地方发生,但它不停地变换着各种外衣,无时无刻不在侵蚀着我们的现代文明和新农村乡风文明,也无形中加重了农民的经济负担。

故事再现

地里挖出"活神仙"

2015年9月,家住重庆石柱县某乡村的村民牛大婶正在自家地里干农活,这时有两名陌生男子来到她的面前,声称他们是电力公司来定位的,要在她家附近的山坡上建一座基站,进行农(村电)网改造,希望能得到牛大婶的帮忙。

牛大婶听说是电力公司来修基站的,就配合他们,跟着两名男子来到不远处的一块空地上,其中一男子拿出一个仪器模样的东西,在地里寻找什么,一会儿,仪器就嘀嘀作响。男子叫牛大婶用锄头在地上刨了一个小洞,一个黑乎乎好似油布包裹的东西呈现出来。男子打开一看,里面竟然是一只银色的佛像,上面刻有"光绪"等字样。这时,该男子告诉牛大婶,这个佛像是神物,不仅由价值不菲的白银铸成,而且很有灵气,在这建基站,肯定惊动了佛,将带来血光之灾,现在唯有在此处建设一个佛堂,将佛像供奉起来,才能消灾。牛大婶听了后很紧张,就把这个消息告诉周边邻居,大伙儿都怕了,就一起凑了5万元钱请这两名男子建一个佛坛。两名男子拿到钱后,就对村民说,他们到镇里去拖水泥和砖,然后就开车子走了。

牛大婶和村民等了一下午,发现这两名男子迟迟不来,发觉不对劲,就赶紧带着这个银佛像去镇里派出所,派出所的民警仔细检查后告诉牛大婶和村民,这个银佛像是白铜铸的,是现在市场上劣质的手工艺品,根本不值几个钱,他们被骗了。这件事成为了村头巷尾的谈资。

■ **故事分析**

迷信"请菩萨",花钱不消灾

当我们花了冤枉钱时,会自我调节地说"花钱消灾"。"花钱消灾"的大方,有时是出于一种愿望,能停留在愿望的状态当然最好,而一旦践行,金钱将抹去是非,扭曲善恶。"消灾"的金钱有时等于喂养了奸邪,用来"消灾"的金钱透出的"甜头",诱惑着邪恶之徒去制造更多的灾祸或创造更多的欺骗伎俩,给梦想着"金钱"能够消灾的人们下套。牛大婶和同村的村民迷信"请菩萨",将菩萨供养起来以消灭"血光之灾",却是被人愚弄,既花了冤枉钱,又被人笑话。

■ **实用妙招**

揭开迷信的面纱

1. 纸上天书。纸上天书是一种化学反应,"神汉"或"巫医"用米汤在纸上写好字,作法时用稀释的碘酒往纸上一倒,即可显出蓝色的文字来。"神汉"便说是

第六章　巧花钱，活理财

"天书"——神仙的旨意。还有一种方法，即先在纸上用明矾水写字，待干后，纸上没有一丝痕迹，作法时将这张纸浸入水中，有明矾的部分会显出白色字体，便成了"天书"。

2. 手入油锅。有"神汉"在村里摆起一口大锅，并烧滚了锅里的油，将手伸进油锅，手没有烫伤，声称自己有神功，引起周边的村民前来烧香进贡。实际上是把油锅里倒进大量的醋，醋便沉在油之下，醋的沸点低，稍加热即可"翻滚"，看上去像是油滚了，其实油的温度一点也不高。

3. 口吹神火。"巫婆"喝一口酒朝斗笠上使劲喷去，斗笠立即燃烧起来，声称这就是"神火"。事实上是在酒里放点白磷，因为白磷燃点低，当它随酒喷出时，与空气摩擦产生自燃，所以斗笠就燃烧起来。

4. 杀"鬼"放血。"巫婆"用纸扎成"鬼"，再把随身携带的宝剑向"鬼"砍去，只见"恶鬼"被杀死后鲜血直流。科学的原理是"巫婆"把用纸扎成的"鬼"用姜黄汁浸过，再把杀"鬼"的宝剑涂上碱水，用宝剑杀"鬼"时，碱水与姜黄汁相遇，产生化学反应变成红色，看去很像"恶鬼"被杀死后流出的鲜血。

（三）买舒心不买受气

我们买东西就是为了满足物质和精神需求，希望买得放心，用得舒心，而不是买气受。现在农村市场充斥着假冒伪劣商品，若不仔细辨认，很难分辨真假。譬如，伊利改成"伊和""尹利"，康师傅改为"康师博""康帅傅"，清风变成"吉风""清香"，特仑苏变为"苏仑特"，奥利奥变为"奥丽澳""粤利奥"，旺仔成了"旺子"，"六个核桃"成了"六果核桃"，等等。买到这些假冒伪劣商品真是闹心。广大农民朋友必须坚决抵制假冒伪劣，这既是维护合法权益，也是维护社会正常的经济秩序。

■ 故事再现

商家无德，老毕吃亏，质监维权

2016年2月6日，山东德州的老农毕福强到镇上赶集，在镇上一家商店里遇见销售人员打着"厂家直销""价格优惠力度空前"的旗号，向群众推销"苏泊尔"牌家用电器。毕福强看这些电器还挺便宜的，就购买了"苏泊尔"牌电饭煲和电磁炉,等他拿回家后,却发现均无法正常使用。

　　毕福强拿着电器去镇里的商店要求退货和赔偿。商店的老板却拒绝退货,认为是毕福强使用不当导致电器损坏的。毕福强心有不甘,就打电话给质监部门,质监部门仔细检查电器后,发现毕福强购买的电器没有生产日期,系假冒知名品牌的劣质商品。当即责令商店退货、双倍赔偿给毕福强,责令商店停业整顿,并对商店给予 5000 元的罚款。购买家用电器要到正规商家购买,不要贪图便宜,因小失大,并且假冒伪劣电器没有安全保障,极易引发各类安全事故。

▎故事分析

消费维权找人撑腰

　　农民朋友如果发觉自己购买了假冒商品,一定不要自认倒霉。如果村里、镇上已成立了消费者协会,农民朋友也可直接向消费者协会反映,请他们帮助鉴定、调查,使制售假冒商品的行为及时得到制止。也可以及时向有关部门举报,这样就可以使假冒商品没有立足之地。如果农民朋友觉得自己受到的损害重大,甚至可以直接向人民法院起诉,通过法律程序解决问题。毕福强就使用法律的武器保障了自己的合法权益。有些农民朋友知道自己买的是假冒伪劣产品,只要没什么大碍,也就睁一只眼闭一只眼过去了,省了很多麻烦。但这只会纵容制售假冒伪劣产品的人员,受伤的总是农民朋友自己。

▎实用妙招

懂法维权,才是真"上帝"

　　《中华人民共和国消费者权益保护法》规定,国家采取措施,保障消费者依法行使权利,维护消费者的合法权益。鼓励、支持一切组织和个人对损害消费者合法权益的行为进行社会监督。

　　第八条规定,消费者享有知悉其购买、使用的商品或者接受的服务的真实情况的权利。消费者有权根据商品或者服务的不同情况,要求经营者提供商品的价格、产地、生产者、用途、性能、规格、等级、主要成分、生产日期、有效期限、检验

第六章 巧花钱，活理财

合格证明、使用说明书、售后服务，或者服务的内容、规格、费用等有关情况。

第三十四条规定，消费者和经营者发生消费者权益争议的，可以采取以下方式解决：与经营者协商和解；请求消费者协会调解；向有关行政部门申诉；根据仲裁协议提请仲裁机构仲裁；向人民法院提起诉讼。

第三十五条规定，消费者在购买、使用商品时，其合法权益受到损害的，可以向销售者要求赔偿。销售者赔偿后，属于生产者的责任或者属于向销售者提供商品的其他销售者的责任的，销售者有权向生产者或者其他销售者追偿。消费者或者其他受害人因商品缺陷造成人身、财产损害的，可以向销售者要求赔偿，也可以向生产者要求赔偿。属于生产者责任的，销售者赔偿后，有权向生产者追偿。属于销售者责任的，生产者赔偿后，有权向销售者追偿。消费者在接受服务时，其合法权益受到损害的，可以向服务者要求赔偿。

第三十九条规定，消费者因经营者利用虚假广告提供商品或者服务，其合法权益受到损害的，可以向经营者要求赔偿。广告的经营者发布虚假广告的，消费者可以请求行政主管部门予以惩处。广告的经营者不能提供经营者的真实名称、地址的，应当承担赔偿责任。

（四）买真不买假

新闻媒体经常报道人畜中毒事件或造成重大损失的传染病疫情和不明原因的群体性疫病等突发公共卫生事件，这些事件很多都和化肥、农药、农膜、中小农具等有质量瑕疵有关。部分不良企业为了实现利益最大化，降低对生产环节有效控制的投入，生产出质量不合格的农资产品；再加上农资市场监管不到位，农资产品检测工作存在不少问题，使得这些农资产品在市场大肆流通，农民使用了假冒伪劣农资产品，造成农作物减产，以致颗粒无收，一年的辛勤劳动就会付之东流，使收入减少，生活水平下降。如果农民朋友掌握了购买质量可靠的农资产品的技巧，将能有效地维护自身利益。

■ 故事再现

江小毓买了假种子耽误农业生产

河北邯郸某村有位叫江小毓的农民，种了30亩地，每年都要采购一批农业生产资料。2015年3月,江小毓和本村的其他村民一同租车来到坐落于邯郸县某乡的邯郸市农业科贸城,在一家名为"富农农资经销部"的商店指明采购玉米种子"先玉335",和负责人贾某谈好价格4.8元/斤。贾某宣称门市上没有了,需要到仓库里去取,于是开车带着江小毓和其他村民去仓库。走到半路,过来一辆车,卸下来几袋种子给了江小毓和其他村民。由于这个农资经销部的种子价廉,因此,随后又有乡民到那里采购"先玉335",合计1600多斤。

江小毓和同村村民将从富农农资经销部采购来的玉米种子分春播和夏播两次播种,共种植了近千亩。7月底至8月初,春播玉米收获,结果让江小毓和其他村民都傻了眼,结出的玉米棒子个头小,籽粒短,产值低,和别村的"先玉335"一对比,差别很大。最明显的是人家的花丝是紫色,穗轴是赤色,他们的花丝是绿色,穗轴是白色;人家的亩产能到达1400斤,他们的只有600多斤。而此刻,夏播的玉米还有一个多月就收获,但减产已成定局。

县农业综合法律大队接到乡民反映后,延聘来自市农科院、市农业局的玉米育种、培养、植保和种子检验专家组成专家判定组,对江小毓所在村庄培养的"先玉335"玉米出产田进行了种类真实性判定,认定江小毓所在村庄培养种类与种类审定布告不符。专家组仔细检查了乡民提供的玉米种包装袋子,发现上面只写着"玉米杂交种,专供大型农场"字样,没有详细的玉米种名、出产日期、厂名、联系电话等。而正宗的"先玉335"袋子上清晰标着"先玉335"和出产厂家、日期、制种许可证号等。

江小毓和同村村民马上找到富农农资经销部,指出问题,并索要赔偿。富农农资经销部老板面对专家组的鉴定结果,承认自己销售的不是正品,并对他们的损失给予了双倍赔偿。有了这件事后,江小毓买农资时多了个心眼,发现伪劣商品后立刻警告商家,并总结了识别伪劣商品的经验,经常给村民讲解心得。为此,镇上对于江小毓的义举进行了表彰。

■ 故事分析

买东西就是要买真家伙

我们进行消费就是要享受正品,如果使用了假货,不仅不能带来功效,假冒伪劣产品中的有害成分还会对人体造成危害,质量不过关,就会在人们使用过程

第六章 巧花钱，活理财

中存在潜在危害。农业生产资料与人的消费密切相关，就更是如此了。江小毓买了假种子，钱花了，结出的玉米棒子却个头小、籽粒短、产值低，损失的就不是假种子的钱了。幸亏他知道维护自己的权益，获得了双倍赔偿，但是也被假种子好好折腾了一回。因此，识别真伪也是农民朋友的必备技能。农民朋友只要提高辨别真伪的能力，就可以提高生产和生活质量。

实用妙招

一双慧眼"辨"真假

1. 种子。农民朋友要通过"四看"种子标签，识别种子真伪。一看种子生产许可证编号。无编号的即为无证生产种子，有编号的还要看该生产许可证是否真实、有效。主要农作物种子标签上都必须标注种子生产许可证编号。二看种子经营许可证编号。不论是主要农作物，还是非主要农作物，种子标签上都必须标注经营许可证编号，无编号即为无证经营种子。有编号的应检查经营许可证是否真实、有效。三看品种名称和审定编号。主要农作物品种在推广应用前，必须通过国家或省级审定。通过省级审定的主要农作物品种可在本省适宜范围内推广。因此，主要农作物种子标签上必须标注品种审定编号。要注意检查品种编号是否真实，（以审定公告作参照）通过审定编号了解品种是国审还是省审，相应地确定该品种的适宜种植区域。四看产地和质量指标。《种子法》明确了假、劣种子的概念，为界定假、劣种子提供了法律依据。通过检查标签标注的产地和质量指标，可以准确判定是不是假、劣种子。购买种子时，切记要妥善保存包装袋、标签、说明和购种凭证等物品，以便在出现事故时作为证据，以防万一。

2. 农药。农民朋友要通过"三检查"辨别农药真伪。一要检查农药包装箱。根据国家标准《农药包装通则》（GB3796-1983）规定，农药的外包装箱应采用带防潮层的瓦楞纸板；外包装窗口要有标签，标明品名、类别、规格、毛重、净重、生产日期、批号、储运指示标志和生产厂名；在最下方还应有一条标明农药类别的信息，如除草剂——绿色、杀虫剂——红色、杀菌剂——黑色、杀鼠剂——蓝色、植物生长调节剂——深黄色。农药外包装窗口中，必须有合格证和说明书；农药制剂内包装上，必须牢固粘贴标签，或者直接印刷、标示在包装上；标签内容包括家乡产品通用品名、企业名称、有效成分、剂型、规格、农药登记证号、产品标准代号、准产号、净重或净体积、适用范围、使用方法、施用禁忌、中毒症状和急救、药害、安全间隔期、储存要求等。二要检查农药外观。乳油农药一般是浅黄色或棕色透明液体,加水稀释后如有分层、沉淀或悬浮物,可以判定该农药为伪劣农药。乳剂农药多为玻璃瓶装,用肉眼观察如发现有分层现象,可将瓶子上下摇荡,待1小时后如不再有分层现象,说明此农药有效,如仍出现分层,则说明农药已失效。鉴别粉剂时,可以取清水一杯,将药粉轻轻撒在水面上,若1秒内粉末全部渗入水中,说明药物没有失效;若粉末长时间不浸润,说明药物已失效。三要检查农药"三证"。一是农药登记证,分为临时登记证和正式登记证,临时登记证以LS或WL打头。正式(品种)登记证号以PD、PDN或WP、WPN打头。分装登记证号一般在原厂家提供的农药登记证号的基础上加"－口XXXX"。口代表省(自治区、直辖市)的简称,XXXX表示序号。二是生产许可证,格式为HNPaaXXXX－b－yyyy,其中aa为省市代码,XXXX为企业编码,b为产品类型,yyyy为产品名称。三是质量标准证。在我国,农药质量标准分为国家标准、行业标准和企业标准三种,其证号分别以GB或Q等开头。

3. 化肥。在选购肥料之前,一定要先查看经营者是否有肥料经营营业执照,然后再通过眼看、鼻闻来检测肥料的真假。一是看包装识别法。首先,看标志,化肥的包装上应有产品名称、养分含量、等级、商标、净重、标准代号、厂名、厂址、生产许可证号码等标志。假冒伪劣化肥的包装大都使用劣质材料,包装粗糙、不符合规格,破损率高,字迹不清,商标模糊。另外,假冒伪劣产品包装袋上的说明一般不用汉字,多用拼音,不明确标明产地和生产厂家。其次,看包装袋封口,若发现包装封口有明显的拆封痕迹,要特别注意,这种化肥有可能掺假。二是看形状、颜色识别法。首先,看外观,真化肥颗粒呈圆形,而且大小一致;假化肥一般颗粒形状不一,碎粒现象严重。其次,看体积、比质量,真化肥的密度比假化肥大,同样重的化肥,真化肥体积小,假化肥体积大。最后,看颜色,尿素呈白色或淡黄色,为颗粒状、针状或棱柱状结晶体,无粉末或少有粉末;硫酸铵为白色晶体;氯化铵为白色或淡黄色结晶;碳酸氢铵呈白色或其他颜色,为粉末状或颗粒状结晶,也有个别厂家生产大颗粒扁球状碳酸氢铵;过磷酸钙为灰白色或浅灰色粉末;重过磷酸钙为深灰色、灰白色颗粒或粉末;硫酸钾为白色晶体或粉末;氯化钾为白色或淡红色颗粒。三是闻味识别法。有强烈刺鼻氨味的液体是氨水;有刺鼻氨味的颗粒是碳酸氢铵;有酸味的细粉是重过磷酸钙;如果有很刺鼻的酸味,则是过磷酸钙,说明生产过程中很可能使用了废硫酸,这种化肥有很大的毒性,极易损伤或烧死作物,尤其是水稻苗床不能用。以上介绍的都是一些简单易行的辨别方式。最可靠的方式还是拿着肥料,到当地农业部门做专业鉴定。一旦确认为假肥料,应立即向当地工商部门或消费者协会投诉。

(五)买正规产品不买水货

"家电下乡",让更多的农民朋友享受到优惠的科技产品,是利国利民的好政策。但是,一些厂家商家借"家电下乡"之名,将冰箱、彩电、空调等非家电下乡产品冒充"家电下乡"产品对外出售,甚至将一些翻新、改装、劣质的"山寨"家电,混在"家电下乡"产品里,坑害农村消费者。因此,农民朋友一定要擦亮双眼,尽量选择品牌厂家的优质产品,确保"售后无忧",得到真正的实惠。

故事再现

刘某买了个四年前就"下乡"的家电

"家电下乡"是一项惠民利民的好举措,但有的不法分子千方百计通过销售翻新家电来迷惑消费者,从而侵犯消费者的合法权益。刘某是江西萍乡的一名普通农民,2015年3月的某一天,他去镇上赶集,看到一家自称"家电下乡"定点单位的商场正在销售彩电。他正好想换一台彩电,就走进商店问了价格。他发现彩电款式挺新颖的,价格还实惠,彩电外壳非常新,整机保修期为一年。于是,刘某花了650元买了一部32英寸的液晶电视机。

可是,13个月后,刘某的电视机就出问题了,不能正常开机了,由于过了保修期,他只好带着彩电去电器维修店修理。维修店的师傅拆开电视机机盒后,问他这部电视机已经用了多少年了。刘某告诉师傅说刚过保修期。维修师傅听了非常惊讶,告诉他,这部电视机从内部设置来看,至少已经用了4年了。那时,刘某才明白自己买回来的竟是个旧电视机。

故事分析

买家电去正规商家

农民朋友要高度重视家用电器的安全问题,要去正规的卖场购买"下乡"家电,购买正规厂家生产的家电。刘某过于相信某些商家的广告宣传,结果上当受骗,造成了损失。由此可见,农民朋友在购买"下乡"的家用电器时也要掌握技巧。

实用妙招

如何识别"家电下乡"的真伪

1. 尽可能选择国家"家电下乡"的目录产品。了解"家电下乡"政策,确认家电下乡产品型号、最高限价和销售网点名单。农民朋友在购买家用电器时,一定要到正规的"家电下乡"销售网点购买。

2. 家电下乡产品外包装的正前面应印制家电下乡中标产品标识及"财政部商务部家电下乡中标产品"字样。另外,消费者还应注意检查家电产品是否正规合法,切勿选择无产品名称、无生产企业厂名、无生产企业厂址的"三无"产品。到悬挂有统一编号的"家电下乡指定店"标志牌的商店购买家电下乡产品,开箱时要注意验证及保存产品标识卡。

3. 查看家电包修期和保修期,并向商家索要家电下乡产品的正规税务发票。发票既是确保产品质量、售后服务的凭证,又是享受财政补贴最关键的凭证。对于销售网点开具的正式发票,农民消费者应留意发票开具的时间、客户名称、商品名称、数量、单价、金额以及发票专用章是否与实际情况相一致,确保申报补贴时可以真实反映实际情况,减少不必要的麻烦。多一份留意,就多一份财富保障。

4. 如果发现经销翻新家电和假冒"家电下乡"产品的行为,可以向工商行政管理机关和消费者协会等有关部门举报、投诉。

二、买现在更要买未来

现期消费是发生在现在阶段的消费,以满足当前的需求;未来消费是未来一段时期将发生的消费需求。农民朋友在消费时,既要考虑现在的需求,也要考虑未来的需求,就是在现期消费和未来消费之间做出选择,或者找到一个合适的消费组合。未来消费环境将不断得到改善,未来社会是信息社会,现代化的通信工具、家用电脑及宽带网络将逐步得到普及,信息消费必将对消费和生活产生更大的变革。随着居民收入的增长,广大居民对文化教育重要性认识的提高,文化教育的福利性逐步减少,市场化、货币化比重逐步提高,文化教育消费在消费结构中的比重将不断提高,文化教育消费将成为热点。与此同时,出于对安全、稳定和秩序的需要,对保险这种特殊商品的需求将日益旺盛。因此,对农民朋友来说,文化教育消费、信息消费和保险消费将成为热点。

(一)教育消费未来享受

当前,农村学前教育和义务教育相对城镇质量不佳,农村师资力量也相对薄弱,农民朋友从内心也希望让子女能接受更高质量的教育,比如,让子女上乡镇、县城里条件较好的幼儿园,上重点中学,读大学等。但是,不少人却无力支撑这种愿望,教育消费正日渐成为农民的"头痛事"。教育支出是农民家庭"乐意承担"的重负,但是,理性消费很重要。

故事再现

宁财深花重金送儿去读书

宁财深是云南省红河县郊区某村的农民,家里有三个小孩,大儿子2010年考取了河北省一所重点医科大学,二女儿2011年考取了海南省一所师范类的高校。家里一下子出了两个大学生,这是这个穷山村二十年来没有的事情,他也很受当地村民的尊重。现在他小儿子读初三了,但是小儿子不爱读书,成绩不好,整天在外玩耍。2012年考高中时,差了不少分,没能上省里的重点高中。宁财深为了让小儿子也考上大学,把家里自留山上的林木采伐卖了2万元,将小儿子送进了省里的重点高中。遗憾的是,宁财深的小儿子读书就是不上进,平时寄宿在学校，远离家人，缺少管束，还对打电游上瘾，天天待在网吧。2015年高考时，他的小儿子连三本高校都没考上。宁财深非常后悔，小儿子成绩这么差，自觉性又不强，如果不是送他去省里的重点高中读书，而是在县里的高中读书，他将会有更多的时间管教，小儿子或许还能考上一个三本高校，现在是既浪费了时间，又浪费了金钱。对子女的教育要投资，但是每个人的禀赋不一样，名校并不是"神"校，不是花钱就能让子女学业有成的，要因人而异。

故事分析

教育消费不简单，因人而异要理性

宁财深的儿子不好读书，成绩差，自觉性也不好，根本不是花重金送入重点高中就能确保考上大学的。农民朋友希望自己的子女有出息，希望子女好读书，读好书，光宗耀祖，对子女的教育投资也很舍得。但是对子女教育投资一定要理性，才能"开好花，结好果"。

实用妙招

教育消费要理性

1. 不要迷信名校。有些家长对教育资源的判断比较狭隘，认为所谓资源就是重点中学、著名大学，实际上教育资源是一个非常多元的概念，绝对不仅仅指学校教育，而且教育也是有差异性的，不是占有了好的资源，就能有好的教育结果。子女本身完全没有投入，上再好的学校也没有用，子女非常努力，但是跟学校其他学生整体的理解力、接受力相差较远，对孩子的学习也不好。投资子女教育要"审时度势"。

2. 树立正确的成才观。社会对人才的需要是多样化的，成才的道路也是多种多样的。经济建设和社会发展需要多层次的人才。子女能够读大学是好事，如果高考落榜，也不过是在人生的旅途上暂时失去了一次接受高等教育的机会，但并没有丧失成才的机会。投资子女教育的关键就是让其找到适合自己的道路，正所谓"榜上无名，脚下有路"。

第六章 巧花钱，活理财

3. 消除新"读书无用论"。当前，有些地方流行新"读书无用论"，表现为存在"大学生不如农民工""寒门难出贵子"之类的理念，不少农民家庭减少了对子女的教育投入。读书当然是有用的，只是可能没有达到急需之"用"。对于农民家庭的孩子来说，盲信"读书无用"，就相当于放弃了未来的大部分可能。人生的跑道，未曾起跑就已停步，错过的不仅是获胜的机会，还有沿途的风景。教育是长期投资，其投资回报周期较长，不仅有金钱方面的直接收益，还有诸如工作技能、公民素养、生活品味提升等间接收益。因此，子女的教育消费不能减量。

（二）保险消费保障未来

社会保险是指国家为了预防和分担年老、失业、疾病以及死亡等社会风险，实现社会安全，而强制社会多数成员参加的，具有所得重分配功能的非营利性的社会安全制度。社会保险是一种为丧失劳动能力、暂时失去劳动岗位或因健康原因造成损失的人口提供收入或补偿的一种社会和经济制度。社会保险是为保障未来风险而进行的消费。对于农民朋友未来的生活保障，社会保险可以真正"给力"。农民朋友应从实际出发，购买一些适合自己和家庭的社会保险种类。

故事再现

合作医疗保险帮助吴若梅度难关

43岁的吴若梅是广东省云浮市某村的一名农妇，患肾结石病症已有20多年了。由于当时结石只有0.23厘米大小，虽然偶尔会引起腰肾部疼痛，但因经济困难，她也仅能吃一些亲戚从香港带回来的药。可是，肾内的结石并没有变小消退，反而越来越大，越来越多。最大的一颗肾石大到2.1厘米×1.8厘米。她经常感到腰背疼痛，行走无力，严重的时候连肌肉都跟着痛。

吴若梅和丈夫均是普通农民，种田的收入仅能勉强维持一家人正常的生活开支，家庭经济环境很不好，而且孩子还在读高中，正是用钱的时候。家里人连普通的病都很难看得起，更别提需要做手术才能彻底根治的肾结石了。

2014年，吴若梅所在乡镇扎实推进新型农村合作医疗各项工作，吴若梅就参加了，当时她的想法是每年才出15元的保金，即使自己没病，也可做善事帮助因生病而需要帮助的人，而自己有病了也可以得到合作医疗的补助。2015年8

月,吴若梅因肾结石病症发作住进了县人民医院外一科,经过检查和治疗,最后医生为她做了手术,从她的肾和输尿管里取出了七八十颗大大小小的结石。9月份她出院结账时,看到住院费用高达7858.17元,很担心拿不出这么一大笔费用。最后医院住院结账处算出来,吴若梅参加的农村合作医疗保险属于第二档,应得到3399.19元的补助,这样,她自己只需要出4458.98元就行了。吴若梅成为了农村合作医疗的直接受益者,她感慨地说:"有了农村合作医疗,才算是真正看得起病了。"

■ 故事分析

买保险预防未来风险

在农村,我们总能发现一些因病返贫的农民家庭,总能发现"十年努力奔小康,一场大病全泡汤"的家庭背景。医疗费用的支出对于每个家庭而言,都是一笔不小的开支,投保合适的保险可以帮助农民朋友报销一定的医疗费用,可以帮助农民朋友减轻经济压力,保障家庭生活的稳定。吴若梅因为肾结石病痛苦了很长一段时间,后来通过购买保险的方式,既根治了肾结石,又在一定程度上化解了自己生病给家庭带来的经济风险。购买保险是农民朋友明智的选择。当前,保险的种类非常繁多,各类险种之间的差别往往体现在保险条款的细微之处。随着保险事业的不断发展,新的险种还将不断涌现。因此,面对复杂的保险市场,具有善于选择的慧眼是十分重要的。农民朋友应依据家庭结构、家庭条件等实际情况,结合实际需要选择保险种类,以实现家庭受益的最大化。

■ 实用妙招

买保险,买未来,如何做?

1.明白买什么保险。趁年富力强、收入颇丰之时,为自己的晚年生活早作打算,尽可能多积蓄一些资金,为儿女"减负"。可以将自己的资金按一定比例投向保险,保险能帮助人们合理避税,也能有效保障农民家庭未来的生活,并向农民家庭提供东山再起所需的资金。现代保险是一种长期储蓄,也是强制储蓄,它相

第六章 巧花钱，活理财

对银行存钱来说，周期更长，也更稳定，所以，保险的利率比银行存款要高不少。

2. 确定买多少保险。从被保险人的角度来看，保障额度应该根据每个人对家庭的经济价值来区分，就是赚钱越多的人，保障额度越高；从需求额度来看，保障额度要能够涵盖家庭未来的重大开支，比如父母赡养、孩子教育、配偶基本生活等；从保费支出角度来看，保费支出一般应为年收入的10%～15%，保额设定为年收入的6～10倍，但具体问题具体分析，首先应考虑年龄因素。

3. 找谁买保险。在农村买社会保险，可以去县人力资源和社会保障局，有些可以在村委会或乡镇政府下属机构代办。

4. 社会保险消费应避免的几个误区。一是避免"不看保障只谈收益"的误区。保险的基本作用是规避风险所带来的经济损失，如果一份保单无法起到这样的作用，那么对投保人来说意义就不大。相对来说，消费型的保险产品一般保费都不高，但保障作用却较强，投保人可以花更少的钱买到更高额度的保障，一旦发生保险事故，就能获赔高额保险金。这时候保险才能真正发挥保障、救急、弥补损失的作用。二是避免"保险越多越安心"的误区。诚然，每一份保险的累加都会为个人、家庭堵住一个又一个财务漏洞，但还需根据自身需求合理投保。而且很重要的一点是，必须根据收入来合理分配保费开支，不然，反而会面临经济压力，影响日常生活的消费能力。三是避免"有社保就不需要再买保险"的误区。我们知道，社保的保障范围一般由国家规定，风险保障范围比较有限，且水平较低，其作用是保障一个人的最低生活水平和医疗需求。而不同种类的商业保险则可以保障个人、家庭在遭受不同风险时，都能得到相应的、较高额度的赔偿。因此，保险消费要"量体裁衣"。

延伸阅读

当代农村有哪些保险

当前，我国农村保险种类有农村养老保险、农村医疗保险和农业保险。这些是国家参与的社会保险，可保障农民的养老、健康和农业生产。

1. 农村养老保险：老有所依。

新型农村社会养老保险以保障农村居民年老时的基本生活为目的，建立个人缴费、集体补助、政府补贴相结合的筹资模式，养老待遇由社会统筹与个人账户相结合,与家庭养老、土地保障、社会救助等其他社会保障政策措施相配套,由政府组织实施的一项社会养老保险制度,是国家社会保险体系的重要组成部分。

参保人群:年满16周岁(不含在校学生)、未参加城镇职工基本养老保险的农村居民,可以在户籍地自愿参加新农保。

参保手续及流程:(1)参保办理以村(社区、居委会)为单位,参保单位办理登记手续,首次参保时应填写《参加养老保障(险)单位登记表》。(2)符合参保条件的人员携带户口簿、身份证原件及复印件、一寸免冠照片一张,到村(含居委会、社区,下同)劳动保障管理服务站提出参保申请,由村负责初审参保资格并填写《农民基本养老保险参保人员公示单》,公示一周,无异议的人员填写《农民基本养老保险参保人员基本情况登记表》;参保人员若为现役军人或退伍军人,提供人武部出具的从军证明,填写《农民基本养老保险服役士兵政府补助申请表》,报镇(街道)劳动保障管理服务所。

新农保缴费标准:参加新农保的农村居民应当按规定缴纳养老保险费。缴费标准目前设为每年100元、200元、300元、400元、500元五个档次,地方可以根据实际情况增设缴费档次。参保人自主选择档次缴费,多缴多得。国家依据农村居民人均纯收入增长等情况适时调整缴费档次。

2.合作医疗保险:健康有保障。

农村合作医疗保险是由政府组织、引导、支持,农民自愿参加,个人、集体和政府多方筹资,以大病统筹为主的农民医疗互助共济制度。也就是说,新型农村合作医疗是一种政府组织扶持、农民互助共济的大病统筹基金制度。

参加新型农村合作医疗的对象。建立新型农村合作医疗制度的目的,是为了解决农民因病致贫、因病返贫的问题,所以参加新型农村合作医疗的对象是县辖区内农村户籍人口(以户为单位参合);未参加城镇医疗保险和未以农民家庭为单位参加新型农村合作医疗的乡镇企业职工;外出打工、经商、上学人员;农村居民,因小城镇建设占用土地的农转非人员。

农村合作医疗保险的报销。参保者出院后,将经患者本人签字或盖章的住院发票、出院记录、费用清单、转诊证明及本人身份证复印件或户籍证明缴本乡镇合管所,经审核后集中统一送交市农保业务管理中心。未记载的医药费用以及城镇职工医疗保险规定不予报销的诊疗项目不纳入报销范围。所有医药费用报销时须提供发票原件,年度内住院1次以上的医药费用须分次按比例结报,不得累加计算。比如,某地规定,县内定点乡镇卫生院(含中心卫生院)住院医药费用起付线为200元,超出部分按可报销费用85%报销。医疗总费用未达到起付线者,不予报销。县内县级二级定点医疗机构的住院医药费用起付线为300元,超出部分按可报销费用70%报销。医疗总费用未达到起付线者不予报销。县内三级定点医疗机构的住院医药费用起付线为400元,超出部分按可报销费用65%报销。医疗总费用未达到起付线者不予报销。在县外省内公立医疗机构(除省级定点医疗机构外)住院医药费用起付线为600元,超出部分按可报销费用50%报销。医疗总费用未达到起付线者不予报销。

农村合作医疗报销的计算公式是:(费用总额-起付线-不报销费用)×报销比例。假如某地的起付线是200元,在1万元以下的报销比例是85%,某人用掉医药费总计8000元,其可报销的费用是:[8000-200(起付线)-自费药]×85%。因此,合作医疗并非是用多少报多少。

3.政策性农业保险:农业生产免灾害。

政策性农业保险是以保险公司市场化经营为依托,政府通过保费补贴等政策扶持,对种植业、养殖业因遭受自然灾害和意外事故造成的经济损失提供的直接物化成本保险。政策性农业保险将财政手段与市场机制相对接,可以创新政府救灾方式,分散农业风险,促进农民收入可持续增长。

农业保险按农业种类差异划分为养殖业保险和种植业保险;按危险性质划分为病虫害损失保险、自然灾害损失保险、意外事故损失保险和疾病死亡保险;按保险责任范围差异划分为综合责任险、基本责任险和一切险;按赔付办法划分为收获险和种植业损失险。

我国农业保险承保的农作物主要分为种植业、养殖业和森林三大类。种植业保险涉及水稻、小麦、玉米等主要粮食作物,棉花、糖料、油料、天然橡胶等经济作物,以及烟叶、苹果、西瓜等地方特色优势农产品。养殖业保险涉及生猪、奶牛等大宗畜牧产品,以及鸡、鸭、鹅等家禽产品和水产品。森林保险涉及商品林和公益林。目前,承保的品种总数已近120个。

我国开办的农业保险主要险种有:农产品保险,生猪保险,牲畜保险,奶牛保险,耕牛保险,山羊保险,养鱼保险,养鹿、养鸭、养鸡等保险,对虾、蚌珍珠等保险,家禽综合保险,水稻、蔬菜保险,稻麦场、森林火灾保险,烤烟种植、西瓜雹灾、香梨收获、小麦冻害、棉花种植、棉田地膜覆盖雹灾等保险,苹果、鸭梨、烤烟保险等。

三、敢花钱更要会花钱

市场经济,效益为重。无论是否真有钱,花钱都有该花与不该花之分,如果不计成本乱花钱,那么不是挥霍,就是赌气。浪费掉的资金大于该花的钱,这叫作得不偿失。

(一)理性消费:购买真正需要的

理性消费是"王道",应结合自己的实际需要和支付能力去消费。有些东西我们买得起,但是没有多大用处,就可以不买;有的东西我们可能需要,但是可能有我们更需要的东西,那么就慢点买。消费过程中,会有多种选择,我们要冷静比较,理性选择,钱就不会花"冤枉"。

■ 故事再现

乱买时尚鞋惹火老公

渭南某村有位叫郭芙蓉的农妇,20多岁,家里条件不是很好,主要靠种地收入维持家庭。但是她很喜欢追求时尚潮流,特别是鞋子,只要是穿着合脚、漂亮的鞋子,不管自己兜里钱够不够,都会想办法买回来,哪怕是借高利贷。她家里的鞋子已经塞满了三个大衣柜,都可以开鞋店了。因为她对鞋子的这种偏执,她老公没少和她吵架,但她就是不醒悟。2015年春节,她去县城走亲戚,在县城一家品牌鞋店看上了一款鞋子,她觉得这款鞋子很时尚,最能衬托她的身材,但是要800多元,兜里的钱根本不够。两天后,她从家里拿了900元钱又回到县城那家品牌鞋店,将那双时尚的鞋子买了下来。她老公知道后非常生气,说这900元钱是给小孩上镇幼儿园的费用,没有了这笔费用,小孩就不能去上镇幼儿园了。两人爆发了争吵,还大打出手,闹得整个村子不得安宁。

第六章 巧花钱，活理财

■ **故事分析**

挪用小孩学费去买鞋，不应该

盲目的跟风攀比，甚至超出自己的购买能力去消费，显然是不理性的，也不是长久的做法。郭芙蓉就是典型，她不从自己家庭的经济条件出发，没有考虑那双鞋到底有多少效用，没有考虑那样做将给并不富裕的家庭增加多少负担，随心所欲地去买鞋子，以至于家庭不和睦。年轻人在创业的初期，应该多积蓄，将钱拿去投资创业，而不是盲目消费，盲目跟风，否则只会快乐一时，痛苦一生。

■ **实用妙招**

怎样才能做到理性消费

1. 制订消费计划。一定要养成记账的好习惯，将每月的支出列成清单，控制一些不必要的消费，并做好消费计划，这才是理财的第一步。如果长期坚持下来，或许可以受益终生。

2. 要冷静，多思考。在制订消费计划时，要理清哪些是必要性消费，在保证不影响生活必需品消费的前提下，再考虑其他费用。超出消费能力的东西就不要去买，否则会加重经济负担。

3. 货比三家再出手。在买东西的时候，一定要多看看，多比较几家，有的商店会推出打折促销活动，有的商店不仅降价，还有赠品。在有些商店，如果直接和商店经理谈价格，还可以拿到很多赠品。不同的商店有不同的优惠幅度，直至找到性价比最高的那家。这样可以节省不少钱，积蓄起来还能再投资。永远记住，货比三家不吃亏。

（二）可持续消费：购买不过时的

即使已经家财万贯，仍然要保留着勤俭持家的习惯，并将这些习惯作为"传家宝"传给下一代。但现实是，我们经常出现不可持续的消费行为，比如，今天买了一个新玩意，过一段时间又出新产品，原来买的东西过时了，又得换新的了，这就是在花冤枉钱。

129

■ 故事再现

岳学群儿子的手机

岳学群是广西的农民，初中毕业时就去东莞打工，做过保安、清洁工等许多工作，后来在制鞋厂做鞋工，挣了一些钱。2012年年底，他返乡在家开了一个网吧，在周边村子里，算是一个富翁了，因此，他很有成就感，不过，他有个好追时尚的毛病，认为自己买的东西总要是村子里最新的，才能配得上他富翁的身份。2014年春节期间，他买了一个平板电脑今年同款的平板电脑配置升级了，但是价格直降了500元，他后悔不已，觉得当时贪便宜买了个过时货。不久前，他的手机摔坏了，想去手机店换一部，手机店老板建议他买一部4G手机，说现在很流行这种手机，他一看价格太高了就没买，而是买了一部3G手机。不久，他看见同村的罗达友买了一部4G手机，于是又去手机店买了一部4G手机，但是之前刚买的3G手机还能用，但是老婆的手机也是最新4G手机，便不想用他的3G手机，他就将手机给了他两岁的儿子做闹钟用。于是，岳学群4岁的儿子用手机作闹钟这件事，很快成为村头村尾的趣闻。

■ 故事分析

买东西要有点超前意识

岳学群喜欢赶时尚，又缺少超前意识，总是买那些很快过气的商品，结果换了又换，以至出现将手机给4岁儿子作闹钟的笑谈。由此可见，我们买东西时要有超前意识，别买快要过时的东西，否则就会重复消费，既不经济，也不省心。

■ 实用妙招

如何进行可持续消费

我们要实现消费的可持续性，就要注意以下两点：

1. 掌握产品发展趋势。要能清晰地认识行业的现状，以及未来的发展趋势。

要熟悉行业目前的产品形式以及未来的发展方向,尽量购买符合未来发展趋势的产品,这些产品过一段时间还应是新潮的。

2.省钱比面子重要。在农村,不少农民朋友好面子,认为自己的旧东西会有损自己的面子。其实,当我们觉得钱比面子重要的时候,证明我们成熟了。当我们能用钱买回面子的时候,证明我们成功了,切不可死要面子活受罪。

(三)错时消费:购买性价比高的

"便宜没好货,好货不便宜",这句话是指好的品牌,质量过关,价格当然也不菲。如果是换季,就会有不少错时消费的空间。比如,当天气逐渐回暖时,不少冬季用品会低价甩卖,像取暖器、烘干机这类的电器,都会低价促销,棉服、冬季皮靴等也会清仓大甩卖,这个时候去买最划算了,挑一挑或许能发现不少合适的东西。

故事再现

白展吉的省钱之道

白展吉和王大力是湖南长沙城郊村农民,两家住得近,他们都长期种植花卉苗木,挣了不少钱。白展吉较为节省,每次都能以非常好的性价比进行消费。

2016年1月,王大力去了一趟海南旅行,好好地感受了椰岛风光。王大力回来后,白展吉问起他组团旅行价格,听闻旅行价格在4000元左右时,就说花了冤枉钱,太不划算了。王大力听了很不高兴,说自己和旅行社磨了近一年,才得到这个优惠价。白展吉笑了笑说我去更便宜。

白展吉订了春节后的赴海南旅行团,价格仅为2100元,这个价格比春节期间便宜了近一半。原来,春节过后是旅游淡季,春节后海南省的旅游线路的报价较春节期间便宜了很多,而且还有各种优惠活动。王大力听了懊悔不已。白展吉将他的经验告诉王大力,"消费啊,不能凑热闹,要错时,这样才能既可享受到价格便宜的实惠,还能因人少而享受更优质的服务。"

■ **故事分析**

错时消费错不了

白展吉省钱去旅游的例子告诉我们,错时消费是省钱不省优质生活的妙招。如果我们都去凑热闹,商家是高兴了,人多好抬价啊,我们可就成冤大头了。从经济学角度看,价格是由需求和供给决定的,如果供给数量不变,需求增加,价格将会上升;如果需求不变,供给数量增多,价格就会下降。因此,错时消费,避开了需求压力的集中释放,能够以较为低廉的价格享受同样质量的产品和服务。错时消费错不了,快乐消费又省钱。

■ **实用妙招**

如何错时消费

1. 不要盲目赶时髦。对明智的消费者来说,选择商品时,最看重的是商家的服务品牌和质量,而不是在什么时间去购买。错时消费,可以避开集中消费时间,既可以选择提前,赶在购买高峰前买东西,也可以选择滞后,等购买高峰过去后再买,这样容易买到便宜的商品。

2. 消费要选准季节。在不同的季节,人们对某一件商品的需求量不一样,相应的价格也不一样。错时消费的关键就是错开商品的消费旺季,追赶商品的生产旺季。